岩　波　現　代　文　庫

村に火をつけ、白痴になれ

伊藤野枝伝

栗原　康

Yasushi Kurihara

文芸 316

岩波書店

はじめに

あの淫乱女！　淫乱女！

さいきん、福岡の今宿《いまじゅく》というところにいってきた。伊藤野枝《いとうのえ》の故郷である。ありがたいことに、福岡にすんでいる友人が、おカネを工面してトークイベントによんでくれたので、せっかくの機会だしとおもい、友人宅にとめてもらって、その翌日にいってきたのだ。めあては、自然石でできた野枝のお墓。周知のように、野枝は大正時代のアナキストであり、ウーマンリブの元祖ともいわれている思想家だが、一九二三年九月、関東大震災のどさくさにまぎれて、恋人の大杉栄《おおすぎさかえ》、おいっ子の橘宗一《たちばなむねかず》とともに憲兵隊《けんぺいたい》の手にかかって殺されてしまった。死後、三人の遺骨はいっしょにされ、そこから分骨して、それぞれの親戚がお墓をたてている。だから、どれも三人のお墓ということになるのだが、いちおう大杉のが静岡に、橘のが名古屋に、野枝のが今宿にたてられている。

しかし、大杉と野枝のお墓については、ちょっといわくがあって、静岡でも今宿でも、お寺の住職に「国賊《こくぞく》でしょう」とかいわれて納骨をことわられてしまった。それで、大杉のお墓は静岡の共同墓地にたてられ、野枝のは地元に木の墓標《ぼひょう》がたてられるだけとなった。しかもひどいもので、野枝の墓標はよくいたずらをされ、ひっこぬかれて捨てられたりしていたらしい。あまりに頻繁《ひんぱん》だったので、ムカついた野枝のお父さんとおじさんが一計をあんじ、どこからともなくバカでかい自然石をもってきて、それをポンとおいて墓石がわりにしたのだという。これでどうだ、うごかせるものならうごかしてみろと。なんかカッコイイ。野枝のお墓は、ただの石。ある種、伝説のお墓である。

わたしは大学生のころから大杉を研究していて、野枝の大ファンでもあったので、ずっとこの石がみてみたくてしかたなかった。でも、まえにしらべてみたら、いまはどこかの山中におかれていて非公開。ごくかぎられた親戚にしかしらされていないということがわかった。それでなかばあきらめていたのだが、せっかく福岡までいくのだし、どうしてもみてみたい。そうおもって、くわしそうな東京の知人に相談してみたら、すぐに今宿の郷土史家、大内士郎《しろう》さんの連絡先をおしえてくれた。かれにきけばなんでもわかるよと。さっそく電話をしてみると、とうぜんのように墓石の場所をしっていていて、いつでも案内してくれるという。わーい、やったぜ。もちろん、おねがいすることにした。

　当日、JR今宿駅まえのコンビニでまちあわせをした。そこから、大内さんが山のなかまで車でつれていってくれるという。友人といっしょにいってみると、ひとのよさそうなおじさんが笑顔でむかえてくれた。大内さんだ。ご挨拶をすると、まずはというかんじで、今宿での野枝の評判をはなしてくれた。わたしは、戦前こそ国賊あつかいされていたものの、いまは近代の偉人くらいにいわれているのだろうとおもっていた。しかし、大内さんの口からは、とんでもないことばがきこえてきた。「いやなあ、この辺のひとは野枝さんのはなしをしたがらんのよ」。どうも十数年まえ、テレビ局の取材がはいったことがあるらしい。そのとき、大内さんがいろいろとうけこたえをしたのだが、まだ野枝と同年代のおばあさんが存命だったので、取材班をつれてはなしをききにいったという。

　しかし取材のとき、おばあさんはいくらきけども「そんなひとはしりません」といったきりで、下をむいたまま、なにもしゃべろうとはしなかった。そんなはずはないのだけれど、そうおもいながらも大内さんは取材班をかえし、自宅にかえった。するとその日の夜のこと、おばあさんが大内さんの家にのりこんできたという。昼間はおとなしかったおばあさんが、いきりたって大声をあげている。「おまえはなにを考えとるんじゃあ！　テレビなんかにうつったら、世間さまに、ここがあの女の故郷だとしられてしまうじゃろうが！」どういうことだろう。大内さんがけげんそうな顔をしているると、おばあさんはこうさけんだという。「あの淫乱女《いんらんおんな》！　淫乱女！」ひゃあ。

野枝のたたりじゃあ！

わたしはそのはなしをきいてあっけにとられていたのだが、大内さんはあっけらかんとしながら、「そいじゃあ、いこっか」といって車にのせてくれた。駅から一五分。時間的にはそれほどでもないのだが、小道をクルクルとなんどもまわって、ちょっとわかりにくい場所にある。山のなかにはいり、すこし奥まったところで車をとめた。そこからかるく山登りだ。ふだんひとがあるく道ではないから、けっこう険《けわ》しい。なんか土がモコモコしていたので、友だちが「これはなんですかね」ときくと、大内さんは「古墳だよ、ここは古墳群なんだ」とおしえてくれた。ええっ、ちょっとびっくりしてしまったが、まあ、むかしからの墓地ということだろう。そんなことをおもいながら、テコテコとあるいていると、まもなくバカでかい石がみえてきた。ようやく、伝説のお墓のおめみえだ。

「いやあ、雰囲気がありますねえ」と、わたしがありきたりのことをいいながら、石をなでていると、となりで大内さんがいろいろと解説をしてくれた。「じつはなあ、この石、わしが子どものころは道ばたに放置してあったんよ」。たぶん、最初におかれていた場所のことだろう。どうも、大内さんがかよっていた小学校の通学路にあったらしく、だれでもさわろうとおもえば、さわれるかんじだったらしい。でも、小学生でさわろうとするものはいなかった。大人から「あの石にふれちゃダメだよ。さわると赤《アカ》になっちゃうよ」といわれていたらしい。ひどいはなしだ、アナキストだから黒なのに。それにしても、大内さんが小学生のころというのは、おそらく一九五〇年代のことだから、戦後にしてこれである。今宿、おそるべしだ。

しかし、はなしはこれにとどまらない。一九五八年、近所のおじさんが、勝手に墓石を家にもっていってしまったらしい。野枝や大杉が好きだったからではない。めざわりな石をどけてやるつもりでもちかえり、庭石にしてしまったのだ。でも、悲劇はそこからはじまった。まもなくして、そのおじさんが事故で急死してしまったらしい。ざまあみやがれ。しかも、それから二〇年くらい墓石はずっと放置されたままだったのだが、こんどはそこのお孫さんが血液の病気にかかってうごけなくなってしまった。今宿では、これで大騒ぎ。まことしやかに、こうささやかれたという。野枝のたたりじゃあ！

自然石で作られた野枝の墓

それで相談されたのが、野枝と大杉の娘、伊藤ルイ(本名、ルイズ)さんである。なんか、その家のひとがやってきて、「おまえのお母さんにたたられてこまっている」とかいわれたらしい。しるかよ。というか、ひとの母親になんてことをいうのだろう。ルイさんは、こうこたえたという。「そんなことをいうくらいだったら、どうせただの石なんだし、海にでもどこにでも放りなげてくださいな」。カッコイイ。しかし、あまりにしつこく「たすけてくれ」と懇願《こんがん》されたので、しかたなく内野の西光寺にもっていき、除霊をしてもらって、そのまま墓石としておいてもらうことにした。これが一九八〇年四月のことだ。

さて、ここでおしまいだったらいいのだが、まだ後日談がある。この自然石が野枝の墓石としておかれるようになってから、よく野枝のファンがお寺に参拝するようになったらしい。でも、その参拝客とお寺とのあいだに、ちょっとしたトラブルがあって、それでお寺なのか、檀家《だんか》さんなのかわからないが、あの石をどうにかしろという声があがった。こわいのは、そのお身内のだれかに不幸があったのだそうだ。ちなみに、大内さんは「これは不確かなんだけどね」といっていた。もしかしたら、たんなるうわさばなしなのかもしれない。でも、そこは今宿である。ふたたび、こうささやかれることになった。野枝のたたりじゃあ！　いろいろといわれたのだろう、しかたなくルイさんが墓石をひきとることにした。友人にお願いして、その持ち山においてもらうことにしたらしい。それがいまの場所である。基本的に非公開となっているのは、さすがにもうこの石をしずかにしてあげようということで、ルイさんがそうしたのだという。

　大内さんのはなしは、ここまでだ。ききおえて、いちばん耳にのこったのは「野枝のたたりじゃあ！」ということばであった。わたしはハッとして、ふれていた自然石から手をはなしてしまったのだが、それをみていた大内さんは、「ハッハッハ」とわらいながら「所有しなければだいじょうぶだよ」といっていた。しかし、ほんとうにゾッとしたのは、そのあとのことだ。帰宅してから、そういえば自然石が山におかれたのはいつだろうとおもい、しらべてみると、一九九五年八月だということがわかった。あれと、ふとおもいだしたことがあって、ルイさんのことをしらべてみたら、おもったとおりだ。翌年の六月に亡くなっているという。五月に末期がんであることが判明し、ひと月余りで亡くなったのだという。墓石をひきうけてから、一年もたっていない。マジかよ。野枝のお墓は、ただの石。じつは、いまこれをかいているのが深夜四時だ。ちょっとこわくなってしまったので、気晴らしにテレビをつけてみたら、女優の奥菜《おきな》恵《めぐみ》さんが「ぎゃあ！」とさけびながら、ぶっ殺されていた。なんだ、これ？『呪怨《じゅおん》』。ちくしょう。もしかして、わたしにこうとでもいわせたいのだろうか。野枝のたたりじゃあ！

もはやジェンダーはない、あるのはセックスそれだけだ

さて、ながながと旅行話をしてしまったが、今宿で野枝がどうあつかわれてきたのかはわかってもらえたんじゃないかとおもう。しょうじき、わたしにとってはおどろきであった。近代の偉人のふるさとをたずねたつもりが、ふれてはいけないものというか、おそろしい妖怪のはなしでもききにいったようなかんじだったからだ。伊藤野枝、妖怪伝説。まあ、そんなふうにいってもいいのかもしれないが、とはいえ考えなくてはいけないのは、なぜ野枝がそんないわれかたをしてきたのかということである。野枝のなにがこわがられてきたのだろうか、なにが気味わるがられてきたのだろうか。

わたしは、おばあさんが大内さんに投げかけたということばが、すべてをものがたっているのではないかとおもっている。あの淫乱女！　淫乱女！

これから本書では、野枝の人生の軌跡をおっていくが、あらかじめその特徴をひとことでまとめておくとこうである。わがまま。学ぶことに、食べることに、恋に、性に、生きることとすべてに、わがままであった。そして、それがもろに結婚制度とぶつかることになる。野枝は東京の高等女学校を卒業後、いちど地元で結婚をするが、いやになってすぐにとびだしてしまう。本人は、親や親戚にむりやりさせられた結婚だからといっているが、そうではない。その男がいやになったから、その男と田舎《いなか》で一生を終えるのがいやになったから逃げたのである。そのあと、東京で好きな男と結婚し、子どももふたりもうけるが、べつの男が好きになって家をとびだす。その相手が大杉だ。家をでたとき、野枝は乳飲み子《ちのご》をかかえていたが、カネがなくなってひとにくれている。ちなみに、このとき大杉はほかにふたりの女性とつきあっていて、うまくやっていくために同居するのはやめましょう、それが自由恋愛の掟《おきて》ですとかいっていた。でも、これにたいする野枝のうごきはすごくて、口ではわかったといっておきながら、速攻でそれをやぶってしまう。大杉のもとにころがりこんで、おもうぞんぶん愛欲をむさぼった。大杉はそのせいで、べつの女性に刺されてしまう。しかたがない。

もしかしたら、これを真実の愛をもとめた結果だというひともいるかもしれないが、そんなきれいなものではなかった。わがままだったのである。だいたい真実の愛がどうこうというひとは、カップルの理想みたいなものをもっていて、その実現のために献身的になろうとするものだ。愛とは、ふたりでそうしていきましょうと誓いをたてることであり、相手がそれをまもらなければ、法的手段にうったえたり、こっちが不倫をしても世間の同情を買うことができると考えられている。でも、野枝はそういうんじゃなかった。そもそも、ああしなきゃいけない、こうしなきゃいけないという愛のかたちなんてないとおもっていた。愛の誓いだのなんだのと、そんなのかわしたとしても、あくまで口先だけのことであって、はじめからまもるつもりなんてさらさらなかったのである。見合い結婚だけではない。好きな相手との結婚でも、自由恋愛でも、かわした約束をまもらない。野枝のあたまにあるのは、率直にこれだけである。もっとしりたい、もっとかきたい、もっとセックスがしたい。ほんとうに、これだけで突っ走っている。これじゃちょっとものたりない、キュウクツだとおもったら、いつでもすべてふり捨てて、あたらしい生きかたをつかみとる。あたかも、それがあたりまえのことであるかのように。というか、生きとし生けるものにとって、そういう衝動というか、やりたいとおもったことをおもうぞんぶんやる以上に、大切なことなんてないとおもっていたのだろう。

たぶん、野枝が故郷で妖怪みたいにいわれていたのは、そのためだ。およそ人間社会というものは、約束のつみかさねによってなりたっている。ああしてもらうかわりに、こうしてあげる。やぶったら罰をうけるし、まもればいいねとほめそやされる。そして、その社会の土台になっているのが結婚だ。愛を誓い、家庭をつくる。それが人間らしさのあかしであるかのようにみなされて。妻として夫をささえ、子どもをそだてる。みんなそうしてほめられて、しだいにそうしないことがゆるされなくなってくる。女だから、妻だから、ああしなきゃいけない、こうしなきゃいけないと。どんなにイヤでもつらくても、たえることが人間らしさだとおもいこんで。でも、野枝はそんな約束、はなからまもろうとしなかった。いやだ、ものたりない、キュウクツだと、ただそれだけの理由で。それがおばあさんをして、淫乱女といわしめたのである。人間じゃない、気持ちわるいと。

じつは、保守的な人たちばかりではなくて、女性の地位向上をもとめる人たちだって、そういう約束をおもんじている。よりよい社会を想定し、それにちかづくこと。いま男とかわしている約束は不平等だ。それを改善しましょう、男との政治的、経済的平等をはかりましょう、女の、主婦の役割をもっと尊重してもらいましょうと。いまだったら、ジェンダーということばがもちいられるだろうか。社会的な性。この社会で、女が男よりも低い立場におかれているのは、それぞれの性の本質によるものではない。社会的にそうさせられてきたからであり、約束のつみかさねによって、そうさせられてきたからである。だから、あたらしい約束をかわすことによって、それを改善することができるのだと。

でも、野枝にそんな発想はありはしない。かの女は、素で約束そのものを破棄しようとしていた。ああしなきゃいけない、こうしなきゃいけないというきまりごとなんて存在しない。それはどんなに良心的にかわされたものであったとしても、ひとの生きかたを固定化し、生きづらさを増すことにしかならないからだ。平等になって男のような女になることも、女らしい女になることも、めんどうくさい。けっきょく、よりよい社会なんてないのである。約束をかわして生きるということは、なにかのために生かされているのとおなじことだ。やりたいことだけやって生きていきたい。ただ本がよみたい、ただ文章がかきたい、ただ恋がしたい、ただセックスがしたい。もっとたのしく、もっとわがままに。ぜんぶひっくるめて、もっともっとそうさせてくれる男がいるならば、うばって抱いていっしょに生きる。不倫上等、淫乱好《よ》し。それが人間らしくないといわれるならば、妖怪にでもなんにでもなってやる。欲望全開だ。宣言しよう。もはやジェンダーはない、あるのはセックスそれだけだ。これから野枝とともに、あたらしいフェミニズムの思想をつむいでいきたいとおもっている。

村に火をつけ、白痴になれ

目次

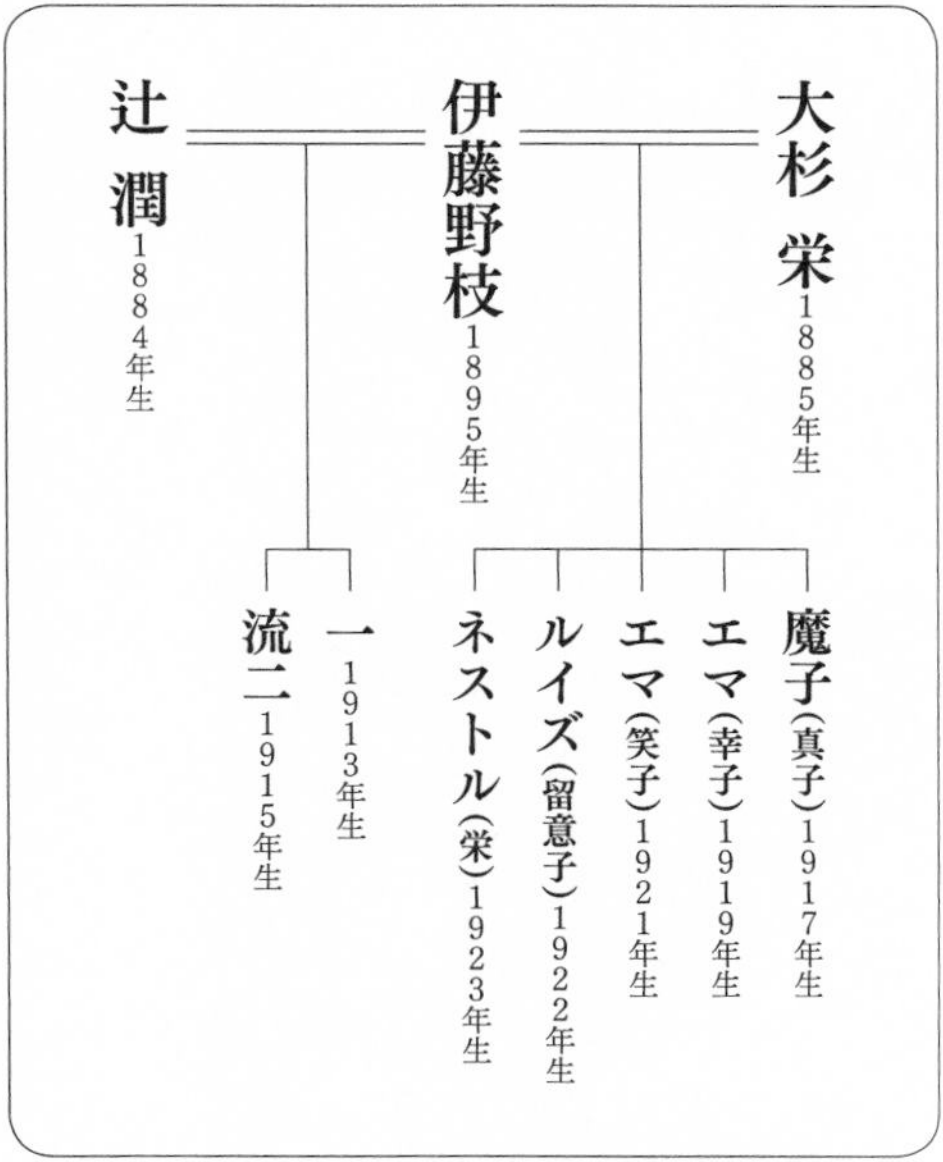

大杉　栄　1885年生
伊藤野枝　1895年生
辻　潤　1884年生
魔子（真子）1917年生
エマ（幸子）1919年生
エマ（笑子）1921年生
ルイズ（留意子）1922年生
ネストル（栄）1923年生
一　1913年生
流二　1915年生

＊本文中の引用に際しては、原文が旧字体・旧かなづかいで書かれたものは新字体・現行のかなづかいにあらためた。また、読みやすくするため、一部の漢字をひらがなにし、読みにくい語にはふりがなを付した。ただし、送りがなは原文どおりとし、その過不足はふりがなによって処理した。強調の意図で用いられた二重カギカッコ（『　』）は、一重カギカッコ（「　」）に置きかえた。

第一章

貧乏に徹し、わがままに生きろ

野枝の家族ら．大杉と野枝の三回忌にて．後列左から，父・亀吉，妹・ツタ，代準介．前列左から，叔母・坂口モト，三女・笑子(エマ)，母・ウメ，四女・留意子(ルイズ)，長女・真子(魔子)，叔母・代キチ

野枝の生家そばの松原海岸
（現在の様子）

周船寺高等小学校の卒業記念写真.
前列中央が野枝

お父さんは、はたらきません

伊藤野枝は、一八九五年一月二一日、福岡県糸島郡今宿村《いとしまぐんいまじゅくむら》(現、福岡市西区)でうまれた。お父さんは、伊藤亀吉《かめきち》。もともと、伊藤家は萬屋《よろずや》とよばれていて、年貢《ねんぐ》米から海産物まで、いろんな物産品を海路ではこぶ商売をやっていた。でも、亀吉がちゃんとはたらかなかったためか、かれの代で家業はかんぜんにつぶれてしまい、家は極貧状態にあった。お母さんは、ウメ。戸籍《こせき》名はムメなのだが、そのほうがよびやすかったのか、みんなからはウメさんとよばれていた。二人のあいだには、ぜんぶで七人の子どもがいて、うち五人が男、二人が女であった。野枝はうえから三番目の子どもで、長女にあたる。野枝のすぐしたには妹のツタがいて、年がちかいということもあって、小さいころいつもいっしょだったのはもちろんのこと、大人になってからもちょくちょくあいにいったり、手紙のやりとりをする仲であった。ちなみに、野枝の戸籍名は「ノヱ」。「野枝」はあて字であり、のちに『青鞜《せいとう》』でかくようになってから、本人がつかったものである。

さて、これから野枝の人生をみていくにあたって、お父さん、亀吉の影響がかなりつよいので、すこしくわしくどんなひとだったのかをみておこう。すでに述べたように、亀吉は先祖代々の家業をつぶしてしまったので、かわりに瓦《かわら》職人になっていた。腕前はよかったといわれていて、村では評判だったそうだ。でも、亀吉はあまりはたらかなかった。理由はめんどうくさいからだ。たまにはたらいても、自分でカネをうけとりにはいかない。いつも妻のウメか、娘のツタがとりにいっていた。これ、ほんとうにたいへんなことで、カネの催促《さいそく》にいくわけだから、相手からなにかとグチグチといわれてしまう。

じつは、野枝も幼いころにいちどだけいったことがあるのだが、「おカネちょうだい」といったところ、その家のひとがすごい剣幕《けんまく》ででてきて、「ホラッ」とさけび、目のまえにカネをバラまいたのだという。カネがほしけりゃ、ほらひろえと。野枝は、それをだまってひろい、そそくさと家にかえったが、そのあと二度とカネのうけとりにいくことはなかった。そりゃそうだ、かわいそうに。そのぶん、妹のツタがいかされていたわけで、そっちのほうがかわいそうかもしれないが、とはいえ、野枝の幼心にふかい傷跡がのこされたことはたしかだろう。カネ、カネ、カネ。いちどひらいた傷口は、けっしてもとにはもどらない。

はなしをもとにもどすと、とにかく、亀吉は気がむいたときにしかはたらかなかった。じっさい、野枝が死んだあと、娘のエマとルイズの二人が実家にひきとられるのだが、ルイズによれば、おじいちゃんがはたらいている姿をいちどもみたことがなかったという。だから、ルイズは大人になってからも、男は定職についてはたらくものだという発想をもっていなかった。いいことだ。きっと、野枝もそうだったのだろう。じゃあ、亀吉はふだんなにをしていたのかというと、おおいそがしだ。趣味の生け花と三味線《しゃみせん》である。ほんとうにのめりこんでいて、腕前はプロ並みであった。仕事どころではない。

毎日、趣味に没頭し、つかれたら気ばらしに山にいったり、海にいったりしてプラプラしていた。お腹がすいたらかえってきて、ご飯を食べる。そんな生活をしていたから、村のひとからは「極道者《ごくどうもの》の与吉《よきち》さん」とよばれていた。たぶん、「与吉」というのは、与太者《よたもの》の「与」と、亀吉の「吉」をあわせたものだろう。すてきなあだ名である。野枝は、そんなお父さんが大好きで、いつもテコテコとついてまわっていた。亀吉さんの秘蔵《ひぞ》っ子だ。亀吉にとっても、野枝ははじめての娘であったこともあって、もう猫みたいにかわいがっていた。亀吉は、かんしゃくもちで、よくひとをどなりつけたりしていたのだが、野枝にだけはそういうことをしなかった。お父さんは、はたらきません。いつも遊んで、食べるだけ。大好きだ。

そういえば、これは野枝が大人になってからのはなしになってしまうが、かの女の特技は三味線であった。アナキストのつどいでテンションがあがると、よく三味線をひきながら、うたってみせたという。きいてみたいものだ。ちなみに、恋人の大杉栄はものすごく音痴《おんち》で、うたがヘタクソであった。野枝はそれをしっていて、ひとまえで三味線をかきならし、「あなたうたってよ」といって、大杉をこまらせていたという。底意地がわるい。ちょっと脱線してしまったが、この特技はまちがいなくお父さんゆずりのものだ。そんなわけで、お父さんはぜんぜんはたらかない。

では、どうやって生計をたてていたのかというと、お母さんだ。ウメは家事、育児をこなしながら、堤防工事の日雇い仕事にいったり、農家の手伝いにいったりしてカネをかせいできた。もちろん、子だくさんのこの家ではぜんぜんたりない。生活はギリギリだ。超貧乏なくらしをしいられる。しかし、それでも亀吉ははたらかない。もしかしたら、亀吉、ひどいよとおもうひともいるかもしれないが、わたしなどには、ちょっと亀吉の気持ちがわかってしまう。「はじめに」でもかいたように、わたしは郷土史家の大内士郎さんの案内で、今宿をまわってきたのだが、そのときに野枝の生家跡もみせてもらってきた。いくと一目瞭然《いちもくりょうぜん》なのだが、ほんとうにすぐちかくに海がある。松原《まつばら》海岸だ。海岸沿いをプラプラとあるきながら、海をながめていると、しぜんと解放的な気分になってきて、仕事のことなんてパッとわすれてしまう。それは、しかたのないことであった。

そうそう、そのとき大内さんにおしえてもらったのだが、今宿から松原の海をながめていたら、はるか遠方に小さな島がみえた。能古島《のこのしま》だ。島まではだいたい四キロある。大内さんのはなしでは、一二歳にもなると、野枝は島まで泳いでいくことができたそうだ。わたしは、いくつかの文章をよんでいて、野枝が泳ぎ上手だったことはしっていたが、まさかそこまでとはおもっていなかった。素人目《しろうとめ》だが、パッとみでおよそひとが泳げる距離ではない。けっこう波がはげしかったので、大内さんに「これ、大丈夫なんですか？」ときいてみたら、ひとこと、「うん、死ぬよ」といっていた。どんなに水泳が得意なひとでも、ひとつ潮のながれをよみちがえれば、命のキケンがあるということである。しかし、それを子どものころからやっていたとは、野枝すごすぎだ。たしか、父方のおばさんにあたるキチが、野枝のことを「泳ぐこと、カッパのごとし」と表現していたとおもうが、まさにそのとおりなのだとおもう。大人になってからも、野枝はなにごとにつけてもあけっぴろげで、おもったことをおもったようにやってしまう大胆さ、豪快さをもちあわせていたが、それはお父さんゆずりであったともいえるし、毎日、海とむきあいながら、みずからつちかった感覚だともいえるだろう。

ちなみに、野枝のこの性格をべつのいいかたにすれば、わがままである。せっかくなので、妹のツタがかたっている野枝のわがままエピソードをひとつ紹介しておこう。これはもう、野枝とツタが尋常小学校《じんじょう》にあがってからのはなしだが、ある日、家のものがみんなではらっていて、夜おそくまで二人で留守番という日があったという。お母さんは稼ぎに出ていて、かえってくるのがおそくになってしまう。ほんとうは、じっとまっていられたらいいのだが、日がくれてくると、どうしてもお腹がすいてしまう。すると、すかさず野枝がうごきだし、台所の戸棚をカサコソとやりはじめた。しばらくすると、野枝が「わーい」といいながら、ツタのところにもどってきた。どうしたのかとみると、冷《ひ》や飯《めし》がおいてあったのをみつけたらしく、「これに塩をふってにぎって食べよう」という。ツタは、それが家族全員分の食事だとわかっていたので、つかれてかえってくるお母さんのためにとっておこうといったのだが、野枝はきかない。「じゃあ、いいよ」といって、ひとりでその冷や飯をぜんぶたいらげてしまった。のちに、ツタは「あのときほど姉の強欲《ごうよく》さがこわいとおもったことはありません」とかたっている。あえて強調する必要はないかもしれないが、お父さんの亀吉がいたとしたら、野枝とおなじことをしただろう。はらがへったら、たらふく食べる。貧乏に徹し、わがままに生きろ。それが伊藤家家訓である。

わたしは読書が好きだ

一九〇一年四月、六歳のとき、野枝は今宿尋常小学校に入学した。ひとから借りた本かなんかで、おもしろいものでもあったのだろうか、このころになると、野枝はものすごい本好きになっていた。もちろん、伊藤家には経済的な余裕がなくて、本なんて買ってやれない。どうも唯一よむことができたのが、押しいれの壁にはってあった古新聞だったらしい。野枝はいつも押しいれにこもって、それをじっとみつめていた。わたしは読書が好きだ。とはいえ、かよわい文学少女というかんじではなくて、気弱な兄が近所の子にいじめられているのをみつければ、ビュンビュン飛んでいって、「うりゃあ」といいながら、いじめっ子たちにゲンコツをくれてやるような子だったらしい。水泳できたえていたわけだから、けっこうガタイもよくてつよかったのだろう。わんぱくだ。

そんな野枝に転機がおとずれる。一九〇四年、野枝は、父方のおばさんであるマツの養女になったのだ。かんぜんに、ひと減らしのためである。なにせ伊藤家は大家族で、お母さんのウメのはたらきだけではどうにもならない。それで親戚とはいえ、他人の家にくれられてしまったのである。榎津《えのきづ》尋常小学校に転校する。当時の同級生のはなしによれば、すでに野枝は本の虫になっていて、学校のいきかえりも本をひろげてあるいていたそうだ。かなり勉強もできたらしい。でも、このころが野枝の人生史上、もっとも最悪な生活であった。マツの夫は、ひどい博打《ばくち》うちであったというから、たぶんありえない額の借金でもこさえてきて、家があれていたのだろう。翌年、マツは離婚し、野枝も小学校を卒業して、今宿の実家にもどっている。

どれだけいやな経験だったのだろう、のちに野枝はウメにむかって、「わたしはどんなに生活が苦しくても、自分の子どもを他人にくれたりはしない」と悪態をついたという。底意地がわるい。しかも、そんなことをいっておきながら、平気で自分の子を捨てたりするのが、また野枝らしいのだが、それにしてもよほどくやしかったにちがいない。そんなことをいわれたウメのほうも、ほんとうにこたえたらしく、野枝の死後、娘たちをひきとり、他人にくれといわれてもやったりはしなかった。むしろ貧しくても愛情をもって育てればいい、こまっているひとがいれば、他人の子でもめんどうをみてあげよう、そうおもうようになったという。いいひとだ。

一九〇五年、一〇歳のとき、野枝は隣村にある周船寺《すせんじ》高等小学校に進学した。今宿には高等小学校がなかったため、毎日、三キロくらいあるいてかようことになった。健脚だ。しかし一九〇八年三月、一三歳のとき、野枝はふたたび他人にくれられることとなった。父方のおばさん、キチのもとへ。でも、これは野枝にとっては不幸中のさいわいになった。キチは、実業家の代準介《だいじゅんすけ》のもとに後妻として嫁いでいて、当時、長崎に住んでいた。代は、全国の木材や鉄くずを仕入れて、関西に売るという商売をやっていて、かなり成功していたようだ。この代というひとは、ちょっとおもしろいひとで、ほんとうなのかどうなのか、右翼の大ボスである頭山満《とうやまみつる》がとおい親戚にあたるといって、若いころからものすごく尊敬していた。事業に成功してからあいにいって、親しい仲になっている。親しいというだけではあいまいかもしれないからあえていっておくと、頭山に資金援助をするようになったのだ。右翼のパトロンになったのである。そんなひとだったので、よきにつけ、あしきにつけ、とにかく世のなかのいろんなことに興味があった。家にはたくさんの本がある。しかも代には、千代子という野枝のひとつうえの娘がいたこともあって、当時の女の子がよみたがっていた雑誌や文学書のたぐいはのきなみおいてあった。夢みたいだ。ちょっとまえまでは、押しいれにこもって古新聞とにらめっこしていたのに。

野枝は、長崎の西山女児高等小学校に転校した。担任の先生が、かなり自由にさせてくれるひとだったらしく、いつも本をよんでいたのはもちろんのこと、友だちとおもうぞんぶん遊んでかえって、のびのびとたのしい学校生活をおくっていた。放課後、学校にのこってオルガンをひいたり、テニスをやったりと。好きな本を好きなだけよむことが、こんなにたのしいことなのか。好きな音楽や好きなスポーツを好きなだけやることがこんなにたのしいことなのか。あれもしたい、これもしたい。あれもできる、これもできる。野枝の力がバンバンとひきだされ、満たされていった。成績もすごくよくて、お裁縫のように女の子がやるものだといわれていた学科以外は、ほとんど甲乙丙《こうおつへい》の甲だったという。

これだけきいていると、のびのびとやっていてよかったじゃないかとおもってしまうが、野枝にとっては、そうじゃないこともあったようだ。その最たるものが、いとこの千代子との差別であった。おばさんのキチは、千代子にたいしては「千代子さん」と「さん」づけでよんでいて、やさしく接していたのに、野枝にたいしてはよびつけで、しかも女らしくしろ、掃除をしろ、裁縫をしろと、なにかと口うるさくいってきたのだ。ちくしょう、なんでわたしだけ。それで、野枝は「自分はここの人間じゃないんだ」と、ひとしれず疎外感をかんじていたようだ。まあ、そのおかげもあって、千代子にたいしてライバル心をもやし、むちゃくちゃ勉強したわけだから、結果オーライなのだが、そのころの野枝にとっては、ほんとうにつらいことだったのだろう。

もちろん、これは野枝にとってのはなしであって、キチのほうはぜんぜん差別をしているつもりなどなかった。さきほども述べたように、キチは代の後妻である。千代子は、まえの奥さんの子どもであって、キチにとっては血のつながりのない赤の他人であった。どうしても、気をつかわなくてはならない。これにたいして、野枝は小さいころからしっている身内である。しかも、兄の亀吉にカネがないから、代にたのみこんで家においてもらっているわけだ。ただおいてもらっているだけじゃない、千代子とおなじ教育もうけさせてもらっている。そりゃあ、口うるさくもなるだろう。身内だからこそのきびしさともいえる。わたしなどからすれば、そうはいっても、娘として育てるのであれば、身内だろうとそうじゃなかろうと、おなじようにあつかえよとおもってしまうが、なかなかそうもできないところがあったのだろう。そんなこんなの長崎生活であったが、この年の一一月、代一家は仕事の関係で、東京に居をかまえることになった。さすがに、野枝はつれていけない。今宿の実家にもどすことになった。野枝は、ふたたび隣村の周船寺高等小学校にかようことになった。またあるいて三キロか。貧乏はつらいよ。

わたしはけっしてあたまをさげない

あらためて田舎《いなか》の学校へ。でも、野枝はいちどおぼえた味がわすれられない。めいっぱい本がよみたい、めいっぱいオルガンがひきたい、めいっぱいテニスがしたい。遊びたい、遊びたい、遊びたい。野枝は、長崎でおぼえてきたことを、そのままやろうとしていた。当時の同級生によれば、いつも机のひきだしにはちがう本がはいっていて、あるときなどは、木下尚江《なおえ》『良人《りょうじん》の自白』のような、ちょっとませた恋愛小説をよんでいて、みんなをおどろかせたという。野枝自身のことばをひいておこう。

私は、四年の十一月に長崎の学校から転じて来ましたのでそこの田舎の学校の質素ないわゆる校風にはまだまるきりなれていませんでした。それにそれまでいた長崎の学校の受持《うけもち》教師のYという教師は非常に生徒を自由にさしていられたのです。少しも干渉らしいことをしたりいったりされないのでした。それで私たちはずいぶん腕白《わんぱく》でした。田舎にかえって来てからも私はやはり同じように無邪気に飛んだりはねたりしていました。校長室や職員室に恐れ気もなくずかずかはいってゆけるのも私くらいのものでした。私のそういった態度は始終、もう四年を最高級として、もう一人前の女として取り扱おうとしている女の先生からは、つつしみのないおてんばな娘として悪《に》くまれていました(1)。

ようするに、長崎時代とおなじように、自由奔放《ほんぽう》な学校生活をおくろうとしていたのである。本人いわく、わんぱくに飛んだりはねたりしていたと。でも、そんな野枝のふるまいにいらだちをおさえられない先生もいた。女らしくない、つつしめと。それでちょっといじめられたこともあった。

当時、野枝は、長崎にいくまえにお世話になっていた男の先生が、波多江《はたえ》の小学校の校長先生になっていたので、学校がえりに、週に一、二度、遊びにいっていた。一人ではなくて、実家のすぐちかくに住んでいる女の先生といっしょにいっていたらしい。その波多江の学校というのは、かよっていた学校から二キロくらいはなれていたのだが、いくとオルガンをひかせてもらえたり、テニスをやらせてもらえたりしたのでいっていたという。もちろん、下心もあった。同級生には、その男の先生が、恋愛小説の主人公みたいだといっていた。あこがれていたのだろう。毎日、たのしく遊んでかえる。いいね。

そんなある日、嵐になってしまって、どうしても家にかえれなくなってしまったことがあった。波多江の先生にすすめられて、ちかくの家にとめてもらった。同行してくれていた女の先生もいっしょだったとのことだ。翌日、自宅までもどっていると遅刻してしまうので、そのまま周船寺の学校にいくことにした。それで、いつもどおり授業をうけていたのだが、運のわるいことに、その日は図画の授業があった。その図画の先生というのが、女の先生で、日ごろから野枝の態度にいらついていたひとであった。女はきよくつつましくと、ほんとうにおもっていたひとだったのだろう。で、なにがおきたのかというと、図画には道具が必要だが、野枝は家にかえっていないからもっていない。それをみた先生は、おまえなにをやっているんだと、野枝に忘れ物をしたことをあやまれといってきた。とうぜん、野枝はあやまらない。きのう、これこれこういうことがあってと事情を説明した。すると、先生は血相をかえて、でていってしまった。あとで担任の先生といっしょに、校長室によびだされた。どうも図画の先生が、野枝が忘れ物をしたのにウソをついてあやまろうとしないといったらしい。

部屋にはいるなり、校長先生がどなり声をあげた。「なぜ、大人があやまれといっているのに、おまえはあやまらないんだ」。なにをいっているのだろう。野枝は、ちゃんときりかえした。「わたしはなにもわるいことなんてしていないのに、なぜ、あやまらなくてはいけないのでしょうか」。校長先生はもうカンカンだ。「おまえは大人がいっていることにハイといえないのか。なんて反抗的なんだ。あやまれ、あやまれ」と、またどなられた。おいうちをかけるように、「おまえは女なんだから勉強ばかりしていないで、もっと家の手伝いでもしろよ」とか、チクチクいってくる。ちくしょう、ふざけやがって。野枝はあやまらないが、目からは涙がボロボロところげおちた。「おまえのしつけがわるい」とかいわれて、担任の先生も怒られている。この担任の先生はわかい女のひとで、ものすごく気がよわいというか、よくいえばやさしいひとだったようだ。このときは悔し涙をながす野枝をはげましながら、かの女もいっしょに泣いてくれたという。ありがとう。

しばらくすると、野枝がウソをついていなかったことがわかった。でも、校長も図画の先生もあやまらない。しかもすごいことに、波多江の先生が図画の先生に事情をはなしにいったところ、こうきりかえされたのだそうだ。「野枝さんはかわいそうなんです。担任の先生が、あなたとの仲をかんぐって、二人でお泊まりをしたといいふらしていたんですよ」と。ウソつき、ウソつき！　このとき、野枝はああこれが大人というものかとおもったらしい。どんなに理屈にあわないことであっても、有無もいわさずにしたがわせようとしてくる。この学校では、女、子どもはこうあるべきというのがあって、それにあわせるのがあたりまえだと考えられていた。それが世のなかのモラルなのだとでもいわんばかりに。いうことをきかなければ、どなる、おどす。そして、いざ都合がわるくなれば、ひとのせいにして責任を逃れる。ひどい、ひどい。ほんとうにムカついたのだろう。野枝は、このときの経験を「一生とり返すことのできない屈辱《くつじょく》(2)」といっている。さきにも述べたかもしれないが、いちどひらいた心の傷口は、けっしてもとにはもどらない。くやしさをかみしめながら、野枝はこうおもったにちがいない。女らしくしろとか、大人のいうことはきけとか、そういうことをいう奴はたいていみんなウソつきだ。ウソはいけない、したがうな。わたしはけっしてあたまをさげない。

きょうから、わたし東京のひとになる

一九〇九年三月、野枝は周船寺高等小学校を卒業した。卒業後は、地元の今宿谷郵便局に就職した。きっと、わるい仕事ではなかったのだろう。でも、野枝はだんだんとたえられなくなっていく。代の家にいたときのように、高等小学校にかよっていたときのように、いろんな本をよんでみたい。いろんな世界にふれてみたい、いろんなことをまなんでみたい。でも実家では、田舎では、どうしてもそれができない。ああ、つまらない、つまらない。そんなときのことだ。代一家が、千代子の夏休みというこ

ともあって、ひさびさに今宿に帰省《きせい》してきた。東京の土産《みやげ》話をいっぱいしてもらう。千代子からは、かよっている上野高等女学校のはなしをしてもらった。やばい、超たのしそうだ、いってみたい。代一家が東京にもどってからは、そのおもいが爆発してしまって、どうにもならなくなってしまった。東京にいきたい、東京にいきたい。とうぜんながら、実家にも自分にもそんなカネの余裕はない。どうしたらいいか。伊藤家家訓。貧乏に徹し、わがままに生きろ。カネがなければ、もらえばいい。遠慮しないで、おもいきりやれ。いつも遊んで、食べてねるだけ。いくぜ、東京。

ここからの野枝はハンパではない。おじさんの代準介に宛てて、三日おきに手紙をおくった。四か月くらいずっとである。さすが郵便局員だ。その実物はのこっていないが、代家のいいつたえでは、こんなことがかかれていたという。

私は、叔父叔母を実の父、実の母と思っています。千代子姉も実の姉と思っています。私はもっと自分を試してみたいのです。もっともっと勉強をしてみたいのです。できれば学問で身を立てたいとも思っています。一生を今宿の田舎で終わるかもしれませんが、その前にせめて東京をしっかりこの目で見てみたいと思っています。大きくなったら、必ず孝行をさせて頂きますので、どうぞ私を上野

高女にやってください。ご恩は必ずお返しいたしますので。(3)

野枝の手紙攻撃をうけて、なやんでしまったのは代のほうだ。どうしたものか。そのころ、東京の根岸に居をかまえていた代は、セルロイド加工の会社をいとなむかたわら、家に苦学生をうけいれて学校にかよわせていた。いわゆる書生《しょせい》である。当時の資産家にはそういうひとがおおかったのかもしれないが、代は、若者たちの育英ということに興味をもっていたのである。とはいえ、その若者たちというのは、あくまで男のことだとおもっていた。家にうけいれて学校にかよわせるにはカネもかかるし、なにより野枝は女である。実の子ならまだしも、わざわざひとの子を東京にまでこさせて、勉強させる意味なんてあるのだろうか。ううん。まよいにまよって、代は隣に住んでいた大衆小説家の村上浪六《なみろく》に相談をしてみた。野枝の手紙をよんだ村上は、即答で「この子はめんどうをみてあげなくてはいけない」といったらしい。「あんたがいやなら、おれがめんどうをみてもいいよ」とまでいってくれたそうだ。ありがたい。これで代の腹はきまった。野枝に、快諾の返事をかく。こいよ、こいよ、おいらの家まで。

一九〇九年一一月、野枝は郵便局の仕事をやめて、東京にやってきた。まずは受験勉強だ。千代子とおなじ上野高等女学校をめざした。さいしょ、代は野枝を三年生に編入させようとしていたが、野枝は千代子とおなじ四年生じゃなきゃいやだといってききやしない。ライバルである千代子に負けるのが、いやだったのだろう。でも、代はこれでキレてしまう。「ちっ、このやろう。おまえ試験におちたら田舎にかえれよ」といったらしい。野枝も一歩もひかない。「うん、いいよ」。それから、野枝は千代子の教科書をぜんぶ借りて、一年生から三年生までのものをむさぼりよんだ。おばさんのキチによれば、三日徹夜をして、一日、死んだようにねたらケロッとして、また三日徹夜をして、死んだようにねて、というのをくりかえしていたという。みていて、ちょっとこわいくらいだったとのことだ。バケモノである。千代子も、できるかぎり野枝に勉強をおしえてあげた。一九一〇年三月、試験をうけてみごと合格。トップ合格だ。やったぜ。そして四月、あこがれつづけてきた東京での女学校生活がはじまった。野枝、一五歳。きょうから、わたし東京のひとになる。

第二章

夜逃げの哲学

代準介の家にて．
上野高等女学校時代の野枝

野枝と辻潤との長男・一(まこと)

親族らと．左から，従姉妹・坂口きみ，野枝，一，
辻潤，叔母・渡辺まつ

西洋乞食、あらわれる

一九一〇年四月、伊藤野枝は上野高等女学校（現、上野学園）の四年に編入した。五年制の学校なので、二年間で卒業になる。全校生徒は一五〇人くらい。東京の下町出身の子がおおかった。この学校は、当時の女学校としてはめずらしく、良妻賢母をうたっていなかったことでしられている。学則には「教育は自治を方針とし各自責任をもって行動せしむること」というのがかかげられていて、自分のまなびたいことを自分でさがし、自分で身につけましょうというのがモットーとされていた。この教育方針は、教頭の佐藤政次郎《まさじろう》がたてたもので、学校全体として、自由な雰囲気をつくりだすことをめざしていたようだ。野枝にとってはありがたいことに、女だからああしろ、こうしろといわれることもなく、好きなことを好きなだけまなぶことができた。

だからこそだとおもうのだが、野枝の読書好きはとまらなくなっていた。女学校がおわると、いつも上野帝国図書館にかよって、とにかく本をむさぼりよんでいた。本好きがこうじて文章もかくようになり、めちゃくちゃうまくなっていた。女学校では、

『謙愛タイムズ』という校内新聞をうけもつようになっていて、いろいろと文章をかき、ガリ版で刷っては、それを校舎に貼ってまわっていた。野枝は文章をかくのがうまいというのがしれわたっていたから、作文の授業では「伊藤、おまえはいい」とかいって、課題を免除されたりしていたらしい。すごい、すごい。

でも、ちょっといけすかないところもあって、同級生であった花沢かつゑさんによれば、かの女が小杉天外《てんがい》の『魔風恋風《まかぜこいかぜ》』という恋愛小説をかかえてあるいていたら、野枝にむりやりうばいとられ、「こんなの読んだらまだ早いわね」といわれたらしい。よほどムカついたのだろう、花沢さんは「野枝さんはずいぶん高ビシャなひとでした」といっている。そんなだったから、同級生にはきらわれていて、いつも髪がボサボサだったので、「あの子、髪にシラミがわいているわよ」といわれたり、おカネがないので、よく友だちに借りてパンを買っていたのだが、ちょっと返せなかっただけで、「あの子、信用できないわよ」と思われていたようだ。かわいそうに。

そんなかんじでよくもわるくもであったが、翌年四月から、野枝の学校生活はがぜんたのしくなっている。新任の英語教師として、辻潤《つじじゅん》がやってきたからだ。辻は一八八四年、浅草区向柳原町《むこうやなぎわらまち》(現、台東区浅草橋)うまれ。もともと、家はおじいちゃんの遺産があって裕福だったのだが、父親が定職をうしない、母親がかなりの浪費家だったこともあって、辻が一二歳のときには、もうスッカラカンになっていた。辻は、東京開成中学にかよっていたのだが、カネがなくなって中退。その後、尺八《しゃくはち》をならってプロなみの腕前になるが、これで身をたてようとおもっていたら、師匠に「こんなもの、カネにならないからやめたほうがいい」といわれて断念する。それで、いろいろとアルバイトをしてカネをためて、一五歳のときに、夜学で国民英学会英文科に入学した。キリスト教徒になって内村鑑三《かんぞう》の本をよんだり、なにかにとりつかれたかのように小説をよみまくった。昼は小学校で臨時教員をやったり、私塾で英語をおしえたりしながら、夜学にかよっていたというから、マジで勤勉家である。

辻は一八歳で国民英学会を卒業すると、また昼にはたらいて、夜になると一ツ橋《ひとつばし》の自由英学舎にかようことにした。新渡戸稲造《にとべいなぞう》の授業をうけたりしている。このころ、宮崎滔天《とうてん》『三十三年の夢』をよんで感動し、革命運動にも関心をもった。幸徳秋水《こうとくしゅうすい》の文章をよみ、『平民新聞』の愛読者にもなっている。それから二〇代前半は、高等小学校で教鞭《きょうべん》をふるうかたわら文章をかいたり、ロンブローゾ『天才論』の翻訳をしたりしていた。そして、たくさんの本をよんで、とりわけマックス・シュティルナー『唯一者とその所有』にはまり、その信奉者になった。汝《なんじ》、わがままに生きたまえ。アナキストだ、エゴイストだ。これが、野枝にもおもいきり影響をあたえることになる。

さて、そんな先生が上野高等女学校にやってきた。一九一一年四月、辻は二七歳。いちおう男ざかりである。でも、さいしょは女学生たちの嘲笑《ちょうしょう》のまとであった。いつもしなびた帽子をかぶり、みすぼらしい黒い木綿《もめん》のガウンをはおっている。それで、「ちょっとあのひとヘンじゃない、顔も老けているわよ」とかいわれていたらしい。ついたあだ名は、西洋乞食《こじき》。さんざんだ。しかし、いざ英語の授業をはじめると、みんなまたたくまに辻のとりこになった。ながれるように英語をしゃべり、みんながつかれたかとおもえば、オルガンをひいて、いろんな国歌をうたわせてくれた。しかも、それでもダラっとしてきたら、いきなり尺八をもってきて、ピーヒョロロ。それにあわせて、やっぱり国歌。きっとたのしかったにちがいない。

そして、なにより辻の授業は、雑談がおもしろかった。国木田独歩《くにきだどっぽ》の『武蔵野《むさしの》』から、バイロンの『恋愛詩』、本間久雄の文芸評論にいたるまで、よんでいる本のはなしをジャンジャンしてくれた。辻は、とくに樋口一葉《ひぐちいちよう》が好きだったようで、授業中にかならずどこか一節をよみあげてきかせてくれたという。ほんとうに毎回だったので、辻が音読をはじめると、学生たちがクスクスとわらいはじめ、たまに「また一葉さんね」といわれて、辻がはにかみながら「きょうはやめましょうか」といって本をひっこめてしまったときもあったようだ。ちなみに、これ英語の授業である。たのしそうだ。知的好奇心にあふれている子には、たまらなかったんじゃないかとおもう。

とりわけ、野枝は辻に夢中であった。ちょうど、辻が『謙愛タイムズ』の担当教員になったということもあって、それをきっかけにして、野枝はいつも辻にくっついてまわった。放課後は二人で音楽室にいき、オルガンをひいてうたってかえった。学校のいきかえりもいっしょだったらしく、学内ではちょっとしたうわさにもなっていた。もっとも、そのころ辻はちがう子に恋をしていて、野枝なんて眼中になかった。野枝とは上野高等女学校の同級生で、酒屋の娘さん、おきんちゃんこと御簾納《みその》キンさんだ。手はだしていなかったが、なんとか口説《くど》こうとしていたらしい。のちに野枝とくらしはじめてから、そのことがバレて、こっぴどい目にあわされている。野枝がブチキレて、実名をあげて小説にしてしまったのだ。わたしのことなんて好きじゃなかったんだ、ああ、イライラする、はらがたつと。こわすぎだ。残念ながら、たいていの男子はそういうものなのに。しかたがない。

わたし、海賊になる

その年の夏、そろそろ女学校も卒業ということもあって、故郷では野枝の結婚話がすすんでいた。お父さんの亀吉と、おじさんの代準介のはからいである。周船寺《すせんじ》の豪農、末松福太郎との縁談だ。福太郎はアメリカに住んでいたが、ちょうど嫁さがしにもどってきていた。野枝が帰省《きせい》すると、亀吉と代の猛プッシュだ。金持ちなんだぜ、いいよ、いいよと。野枝はまよった。心には辻がいたが、まだあこがれにすぎないし、相手の気持ちだってわからない。そのスキをつくかのように、代が「おまえ、アメリカにいけるんだぞ」といってくる。うっ、いいかもしれない。野枝は、これで結婚話をのんでしまう。八月二二日、福太郎と仮祝言《かりしゅうげん》をあげた。これからはうちの嫁だということで、末松家が卒業までの学費をはらってくれることになった。なんだか、カネで買われたような気分だ。なんともいえない気持ちのまま、野枝は東京にもどってくる。

しかし、ここからが急展開だ。福太郎が日本にもどってきて農業をつぐというのである。野枝の期待は、まんまとうらぎられた。マジかよ、このままではただの農家の嫁になってしまう。きびしそうな家だ。ぜったいに本をよんだり、文章をかいたりなんてさせてもらえないだろう。クソッ、クソッ。ぜんぶ、あの福太郎ってやつのせいじゃないか。おもえばおもうほど、憎くてたまらなくなってくる。野枝は必死にやめたいというが、おじさんもおばさんも有無をいわせない。なにをいっても「これは良縁なんだから」と、それしかいわないのだ。だれのための結婚だ、なんのための結婚だ、このクソったれども。そんな野枝の心の声がつたわったのだろうか、末松家は正式な結婚をいそぐ。一一月二一日、野枝は福太郎と入籍《にゅうせき》させられてしまった。むちゃくちゃだ。

どうしたものか。野枝は思考をめぐらせた。ある日、同級生に卒業後はどうするのかときかれて、こうこたえたそうだ。

　私は卒業すれば九州に帰らねばなりませんから、しばらくあなた方とはお別れですが、必ず東京へは出てくるでしょう。そして人並みの生きかたをしませんからいずれ新聞紙上でお目にかかることになるでしょう。そうでなくて九州にいるようになれば玄海灘［ママ］で海賊《かいぞく》の女王になって板子《いたご》一枚下は地獄《じごく》の生活という生き方をするかもしれないわよ(4)。

すごみがある。東京にでてきて名をあげるのか、それとも玄界灘《げんかいなだ》で海賊の女王になるのか。ようするに、卒業がちかづくにつれて、野枝の心はしぜんときまっていたのである。ぜったいに逃げだして、好きなように生きてやる。じっさい、計画はできていたようだ。卒業式がおわったら、帰省するといって汽車にとびのり、そのままどこかにいってしまおうと。バックれるのだ。しかし、その計画はあきらめざるをえなくなった。一九一二年三月二四日、卒業式の前々日に、おじさんである代準介のお父さんが亡くなってしまったのである。代はすぐに長崎に帰郷し、野枝も卒業式の翌日に、おばさんのキチ、いとこの千代子といっしょに博多にもどらなくてはならなくなってしまった。そのまま、末松家に嫁ぐことになる。やられた。おばさんがいっしょでは逃げられない。野枝はあせった。どうしたものか、どうしたものか。野枝は、ひとつだけ手があることに気づいた。大好きな辻先生をおとすこと。やるしかない。

三月二六日、卒業式をむかえた。おめでとう。式がおわると、いつものように野枝と辻は音楽室にいき、オルガンをひいたり、うたったりした。もともと、野枝は辻に自分の身の上話をうんとはなしている。ムリやり結婚させられそうだということも、それがいやでいやでしかたがないということも。辻は、かわいそうだねと同情してくれていたが、最後の日、夜遅くまで二人でいてもなにもいってくれない。ニブイのか、こいつ。ちょうど、上野の美術館で、辻の好きな画家の絵画展をやっていたので、帰郷前にいってみたいというと、じゃあ翌朝にいこうということになった。よし、勝負だ。翌朝、二人で絵画をみて美術館をでた。その裏手が、いいぐあいの木立になっている。そこをテコテコとあるいていると、野枝がとつぜんたちどまった。辻がふりかえると、野枝が目に涙をうかべながら、泣くのを必死にこらえてブルブルとうちふるえていた。ふるえすぎて、歯がガチガチといっていたそうだ。やばい、こりゃもうだめだ。辻は、野枝をおもいきり抱きしめ、キスをした。辻からしたら野枝の気持ちはわかっていたが、ほかに好きな子もいたわけだし、厄介事《やっかいごと》にまきこまれるのもめんどうだという気持ちもあったろう。でも、これで勝負ありだ。後生《ごしょう》である、先生。

しかし、辻は東京にもどってこいとはいってくれない。不安でいっぱいだ。とりあえず、野枝は帰郷するために新橋駅にむかった。キチと千代子がまっている。その日は見送りにということで、教頭の佐藤先生や同級生のみんなもきてくれていた。だが、いざ汽車の時刻になっても野枝がこない。辻との一件で、おもいきり遅刻したのだ。キチがイライラしておさまらない。野枝が遅れて到着すると、めちゃくちゃ叱責《しっせき》された。うるさいなあ、ピイピイと。三人で汽車にのって博多にむかった。博多駅につくと、おじさんと福太郎がでむかえにきていた。野枝は、このときの心境を「わがまま」という小説でつぎのようにえがいている。

「あの男が来ている、あの男が――ああいやだ！　いやだ！」

彼女はクルリと後向《うしろ》いてさあらぬ方を向いた。そこにはまたいま自分らの乗って来た汽車の窓に向《むか》って大勢の女学生に囲まれた背の高い男の姿を見出した。登志子は瞳を凝《こ》らしてその後姿《うしろすがた》を見つめていた。

「登志さん」

はずんだ従姉《いとこ》の声に我に返って手持無沙汰《てもちぶさた》に立っている──永田──夫──に目礼して嫌な叔父に挨拶を済ました。傲然《ごうぜん》とかまえた叔父の顔を見、傍《かたわら》におとなし気《げ》な永田を見出すと彼女は口惜《くちおし》さに胸が一杯になるのだった。

「うれしかるべき帰省──それがかくも自分に苦しいものとなったのもみんな叔父のためなのだ。叔父がこうしたのだ。見もしらぬこの永田が私のすべての自由を握るのか──私を──私を──誰が許した。誰が許した。私はこの尊い自身をいともかるはずみにあんな見もしらぬ男の前に投げ出したことはない。私は自身をそれほど安価にみくびってはいない私は、私は──」(5)

いうまでもないかもしれないが、登志子が野枝であり、永田が福太郎である。たぶん、この部分に野枝の気持ちがすべてあらわれている。ああいやだ、いやだ。あんな男に自分の自由がうばわれるなんて。わたしはそんな安っぽい女じゃないぞと。ほんとうに、そんなところだったのだろう。野枝は、いちど実家にもどり、家族にむかって、さんざん自分のおもいをぶちまけた。おじさんも福太郎も死ねばいいのにと。みんながまあまあといいなしてくる。妹のツタが「おねえちゃん結婚ってそういうものでしょう」というと、プリプリした野枝が「じゃあ、あんたが代わりにいけばいいんだよ」といってきたという。それからすぐに、末松家に嫁いだ。でも、やることはもうきまっている。逃げろ、もどるな、約束まもるな。

ど根性でセックスだ

一九一二年四月、帰郷してから九日目で、野枝は末松家をとびだした。身ひとつでバックれたのである。しばらく友人の家をわたりあるき、父方のおばさんである坂口モトをたよったりもした。このモトとはすごくウマがあったようで、のちにモトが離婚して居場所がなくなったとき、大杉とくらしていた家においてあげて、娘の子守をたのんだりしていたようだ。野枝がいちばんこまったときに、たすけてくれたからこそかもしれない。そんなかんじで、かくまってくれる家はあったのだが、どうにもそこからうごけない。どうしたものか。野枝は、女学校時代の担任であった西原和治と辻にむけて、たすけてくださいという手紙をだした。すでに女学校には、末松家から

「野枝を保護してくれ」との電報がはいっていたが、そんなことは関係ない。二人は野枝をたすけることにきめた。

まず、西原がカネを送ってくれた。でも、ここにきて、野枝はちょっとまよってしまう。このまま、東京にいってもいいものか。このまま、自分がわがままをとおしたら、ムカつくとはいえ、親や親戚がこまるのではないか。いやそればかりじゃない、辻だってどうなることか。上京をしぶっていると、辻からの手紙がとどいた。

俺は少《すくな》くとも男だ。汝一人くらいをどうにもすることができないような意気地《いくじ》なしではないと思っている。そうしてもし汝の父なり警官なりもしくは夫と称する人が上京したら逃げかくれしないで堂々と話をつけるのだ。俺は物を秘《ひそ》かにすることを好まない。九日附《づけ》の手紙をS先生に見せたのも一つは俺は隠《か》くして事をするのが嫌だからだ。姦通《かんつう》などいう馬鹿馬鹿しい誤解をまねくのが嫌だからだ。イザとなれば俺は自分の位置を放棄しても差支《さしつかえ》ない。俺はあくまで汝の身方になって習俗打破《しゅうぞくだは》の仕事を続けようと思う。(6)

かっこよすぎる。ぜんぶ、オレがなんとかしてやるから、はやくこいよというのである。野枝はこの手紙をみて、すぐに東京にむかった。巣鴨町上駒込《すがもちょうかみこまごめ》四一一番地(現、豊島区)にあった辻の家をたずねる。当時、染井《そめい》とよばれていた地域だ。この家には、お母さんのミツや、妹のツネも同居していたが、肝《きも》のすわっているお母さんは、身ひとつででてきた野枝の姿をみて「かわいそうだからいれておやり」といってくれたらしい。ありがたい。でも、ここから辻はメタメタにたたかれる。末松家からは、おまえら姦通罪でうったえるぞみたいな手紙がとどくし、引用文にでてきたS先生というのは、教頭の佐藤先生なのだが、このひとを信用したのがまちがいだったようだ。佐藤先生は、日ごろから、古いしきたりなんて関係ない、ひとはみんな自由に生きていいんだとかいっていたひとなので、いざとなれば力になってくれるとおもっていたのだが、ぜんぜんちがっていた。

辻は、野枝が東京にでてきてから、佐藤先生に「うちに野枝さんをかくまっていると、いろいろといわれてしまうので、しばらくそちらにかくまってもらえませんか」とおねがいしていて、いちおう了解をえていたらしい。でも、佐藤先生は二人の関係をかんばしくおもっていなくて、結婚している娘に手をだすなんてハレンチだ、辻くん、感情的になってはいけないよとか、うるさいことをグチグチといってきた。しかも、その口からもれたのか、学校にいくと校長先生が激怒していて、「姦通をするなら学校をやめてからにしてほしい」といわれてしまった。ああ、めんどうくさい。これで、辻はキレてしまう。だいたい、ひとの嫁に手をだしたからといって、それのなにがわるいんだ。不倫上等、淫乱好《いんらんよ》し。あらゆる習俗は打破しなくてはならない。辻はひょいと辞職届をだし、女学校をやめてしまった。根性、根性、ど根性！

やっちまった。さいしょは、辻もそうおもっていたにちがいない。仕事がない、ヒマである。どうしたものか。ふとみれば、家には野枝がすわっている。こりゃもうやることはひとつしかない。セックスだ、セックスである。ど根性でセックスだ。辻と野枝は、昼夜をとわずセックスをした。よほどたのしかったのか、辻はこのときのことをつぎのようにえがいている。

染井の森で僕は野枝さんと生まれて初めての恋愛生活をやったのだ。遺憾《いかん》なきまでに徹底させた。昼夜の別なく情炎の中に浸《ひた》った。初めて自分は生きた。あの時僕が情死していたら、いかに幸福であり得たことか！　それを考えると僕はただ野枝さんに感謝するのみだ。(7)

これすごいのは、一九二三年、野枝と大杉栄が殺された直後にかかれた追悼文みたいなものだということだ。あのとき、ぼくは野枝さんと情熱の炎がもえあがるようなセックスをしました、死んでもいいとおもいました、それだけでしあわせなんです、野枝さん、ありがとうと。さすが辻潤、泣かせてくれる。わたしも経験があるのだが、こういう愛欲にふけっているとき、ひとはちっぽけな仕事のことなんて、どうでもよくなってしまう。いま死ぬぞ、いま死ぬぞとかいっているときに、将来のことだの、人生設計だの、そんなことはどうでもよくなってしまうのだ。辻は、この感覚に正直なひとであった。ずっとこのままこうしていよう。やりたいことしかもうやらない。好きな尺八、好きな文筆、好きな翻訳だけやって生きていくのだ。それで死んでもかまうものか。以後、辻はいちども定職についていない。いま、わたしたちがしっているニヒリスト、ダダイストとしての辻潤は、このときうまれたといっても過言ではないだろう。野枝のおかげだ、まちがいない。

だれかたすけてください、たすけてください

しかしそうはいっても、まわりからの攻撃がなかなかやまない。あいかわらず、末松家からは姦通罪でうったえられるかもしれないし、家にはおじさんの代準介と、おばさんのキチがやってきて、しつこく野枝の説得にかかってくる。恋だのなんだのと、

おまえは熱病にうかされているだけなんだ、わたしたちはおまえのことを考えている、あんなにいい相手はいないんだぞと。それでも、野枝は首をたてにふらない。するとこんどは、おまえまわりの迷惑を考えろよ、家のものが世間からなにをいわれるのかわかっているのか、オレのメンツをつぶす気か、おまえの学費だってもうむこうにはらってもらっているんだぞ、みたいなことをいってくる。じっさい、末松家がほんきをだしたら、野枝も辻もひとたまりもなかったのだろう。おじさんとおばさんが、野枝のことをおもってくれていたのもたしかだったのだとおもう。でも、それでも野枝にも辻にも、おまえらふざけんな、やれるもんならやってみろくらいにしかおもえなかったにちがいない。だって結婚をしいられること自体がおかしいのだから。

とはいえ、二人の意志はかたいものの、いいかげんまわりからやいやいいわれつづけていると、精神的にきびしくなってくる。だれも味方をしてくれない。おカネがなくて家がギクシャクしてくると、ますます孤立感がましてくる。だれかたすけてください、たすけてください。野枝は、すがるようなおもいで、ある女性に手紙をしたためた。当時、青鞜社《せいとう》をたちあげ、雑誌『青鞜』をだしていた平塚らいてう《らいちょう》である。『青鞜』は、女は男のいうことをきいていればいいみたいな習俗を打破し、ねむらされている女性たちの文芸、思想の才能をもっともっと開花させていこうという雑誌であった。きっと、このひとだったら力になってくれる。そうおもって、必死のおもいで手紙をかいた。のちに、らいてうは野枝からもらった手紙について、つぎのように述べている。

たしか晩春のころと思いますが、わたくしのもとへ、九州に住む未知の一少女から長い手紙が届きました。切手を三枚貼ったペン字の重たい封筒で、差出人は「福岡県糸島郡今宿村《いとしまぐんいまじゅくむら》、伊藤野枝」と、素直な、しっかりした字で書いてあります。青鞜社には、よく未知の女性から、身の上相談の長い手紙が来て、それはいちいち取り上げていられないほどでした。しかしその手紙を一読したわたくしは、本気で一生懸命に、からだごと自分の悩みをぶっつけてくるような、その内容につよく動かされました。

それは自分の生い立ち、性質、教育、境遇《きょうぐう》――ことに現在肉親たちから強制されている結婚の苦痛などを訴えたもので、そこには道徳、習俗に対する半ば無意識な反抗心が、息苦しいまでに猛烈《もうれつ》に渦巻《うずま》いておりました。(8)

よほど気迫のこもった文章だったのだろう。らいてうのもとにとどいた数ある手紙のなかでも、野枝のものにはひときわ光るものがあったということである。息苦しいほどに、もうれつに渦巻く反抗心。野枝は、自分のすべてをらいてうにぶつけたのだろう。その数日後、野枝はらいてうの家をたずねた。らいてうは手紙の住所をみて、九州にすんでいるひとだとおもっていたからびっくりしたようだ。らいてうがみた野枝は、小柄でがっしりとしたからだつき、ふっくらした丸顔に黒目がちの目が光っていて、それがなんとも野性味にあふれていたという。生命力にあふれた田舎《いなか》の少女。でも、ただの少女ではない。らいてうとは初対面にもかかわらず、まったくおくせずに筋道だてて、自分がいいたいことをバンバンしゃべってくる。情熱的な魅力にみちあふれている。ああ、女性が因習にたちむかうというのは、こういうことか。青鞜社は、なんとかしてこの少女をたすけなくてはならない。らいてうは、そうおもった。野枝は、自分がしゃべりたいことをしゃべるだけしゃべると、スッキリして「じゃあ、いちど帰省して親類を説得してまいります」といってかえっていったという。かっこいい。

一九一二年七月末、野枝は故郷にもどり、末松福太郎との離婚交渉にのぞんだ。まずは両親とおじ、おばだとおもい、説得をこころみるがラチがあかない。これは、いまでもそうだとおもうのだが、田舎の親戚というものは、年下の人間のいうことなんてきやしない。教え諭《さと》す相手としかおもっていないのだから。こちらの理屈なんてつうじない。こりゃもうダメだ。交渉は失敗におわった。しかもうかつなことに、旅費がきれて東京にもどってこられなくなった。辻にたのむがカネはない。はたらいていないからだ。まいった。この状況で実家にいるのは地獄である。家にいると息がつまりそうなので、毎日、海岸沿いをあるき、波しぶきをながめながら悔し涙をながした。ちくしょう、ちくしょう。いっそ、このまま死んでしまおうか。そのおもいをつづったのが、のちのデビュー作になる「東の渚」という詩である。せっかくなので、全篇を紹介しておこう。

東の磯の離れ岩、
その褐色の岩の背に、
今日もとまったケエツブロウよ、
なぜにお前はそのように
かなしい声してお泣きやる。
お前のつれはどこへいった
お前の寝床はどこにある――

もう日が暮れるよ――ごらん、
あの――あの沖のうすもやを、
いつまでお前はそこにいる。
岩と岩との間の瀬戸の、
あの渦をまく恐ろしい、
その海の面をケエツブロウよ、
いつまでお前はながめてる
あれ――あのたよりなげな泣き声――
海の声まであのように
はやくかえれとしかっているに
いつまでそこにいやる気か
何がかなしいケエツブロウよ、
もう日が暮れる――あれ波が――
私の可愛《かわ》いいケエツブロウよ、
お前が去らぬで私もゆかぬ
お前の心は私の心

私もやはり泣いている、
お前といっしょにここにいる。
ねえケエツブロウやいっその事に
死んでおしまい！　その岩の上で——
お前が死ねば私も死ぬよ
どうせ死ぬならケエツブロウよ
かなしお前とあの渦巻へ——(9)

この詩は、よくヘタクソだといわれている。たしかに、きれいな詩ではない。でも、なんだろう、なんかわらってしまうというか、いちどみたらわすれられない詩ではないだろうか。わたしは、そういう詩をうまい詩というのだとおもう。野枝、詩、上手。かかれている意味は、そのまんまだ。ケエツブロウというのは、海鳥のことらしいのだが、ずっと荒波をみつめているその姿に自分をかさね、おまえが死ねばわたしも死ぬよといっているのである。むろん、ただ岩のうえで死ぬわけではない。どうせ死ぬなら、荒波のなかへ、渦巻きのなかへ、おもいきり飛びこんでやろうじゃないかといっているのである。どうせ肉親は説得できない、どうせダメなら、どうせだしハチャメチャにあばれまくってやろうじゃないか。そういうことである。

なにかにひらきなおったかのように、野枝はらいてうに手紙をしたためた。たすけてください、たすけてください。手紙をみたらいてうは、もうほうっておけない。すぐにカネを工面した。さいしょ、らいてうは辻と相談しようとおもったが、辻が引っ越していてみつからない。何日もかけてさがしあて、カネを送ってくれたのだという。仏だ。野枝は、九月になってようやく東京にもどってこられた。かえってくると、すぐに青鞜社を訪問した。もちろん、らいてうへのお礼のためだ。すると、らいてうからおもいもかけない提案をうけた。野枝さん、せっかくだからうちではたらきませんか。青鞜社の社員になって編集の手伝いをしてくれれば、すこしはお給料をだせますよと。辻がはたらかないことをしっていての提案である。ありがたい、とうぜん快諾だ。野枝は、一〇月から青鞜社に出入りするようになり、毎月、一〇円の給料をもらうことになった。どうも、らいてうは経理をやっていた保持研子《やすもちよしこ》に、もうちょっと野枝さんの給料をあげてやれないかとかけあってくれたらしいのだが、ふざけんな、らいてう、そんなカネはないとしこたま怒られたという。でも、そんなところもふくめて、らいてう、マジで仏である。

さて、こうして野枝の青鞜社時代がはじまるのだが、そのまえに末松家とはどうなったのかだけふれておこう。その後、代のおじさんとおばさんが、ふたたび野枝を説得しにやってくるのだが、野枝はきかない。それで、代のおじさんはあきらめる。かわいい姪《めい》っ子が、ここまで決意をかためているのだからしかたがない。ひとり紋付き袴《はかま》の正装をして、腹にはさらしをまき、末松家にのりこんだ。やることはもうきまっている。土下座だ、土下座である。はらってもらった学費と結納金《ゆいのうきん》は倍返しします、どうかどうかといってあたまをさげた。末松家はうけとれないとかいってくるが、またあたまをさげる。それでもやいやいいってくるから、こんどは「姦通罪でうったえるのも、なんか破廉恥《はれんち》ですよね」とおどしてみる。圧勝だ。一九一三年二月一一日、野枝は、ようやく末松福太郎と離婚することができた。めでたし、めでたし。なのだが、これで腹の虫がおさまらないのが野枝である。自分はなにもわるいことなんてしていないのに、さんざんひどい目にあわされた。ゆるせない、ゆるせない。ここから野枝は筆一本を武器にして、結婚制度や社会道徳なるものと対決していくことになる。やられたらやりかえせ。

恋愛は不純じゃない、結婚のほうが不純なんだ

さきほどもふれたように、野枝は「東の渚」(一九一二年一一月)でデビューする。一

七歳、『青鞜』でのデビューである。すでに手紙の文面をみて、こいつはかけるとおもったのだろう。らいてうが、わかい野枝におしみなく誌面を提供した。やったれ、おもったことをジャンジャンかいてやれと。とはいえ、離婚が成立するまではちょっところらえた。自分になにがあったのか、それをかきはじめるのは、一九一三年のおわりころからである。すでに引用したように、自伝小説である「わがまま」(一九一三年一二月)、「出奔《しゅっぽん》」(一九一四年二月)などをかいて、自分にひどいことをした親類や末松家をメタメタにやっつけた。いわれたことをそのまま暴露《ばくろ》してやったのである。おそろしい。

野枝は、さらに攻撃の手をゆるめない。愛する辻にひどいことをしてくれた上野高等女学校もぶったたいている。「S先生に」(一九一四年六月)。これは女学校時代の教頭先生、佐藤政次郎に宛ててかいた文章である。

先生は、言論の上では、――私どもに講義してくだすったとき――社会とか道徳とか習俗などを極力排斥《はいせき》なすったように思います、しかし実際問題にかかわったときに、先生は、やはりああまでそれに固執していらっしゃいます。(10)

ようするに、おまえは授業ではリベラルなことをいっていて、古いしきたりに縛られるなとか、ひとは自由に生きていいんだとかいっているが、いっていることとやっていることがちがうじゃないか、本人がいやがっている結婚を強制しようとしたり、それをかばおうとした辻を見捨てた時点で、おまえはおわっているんだということである。旧態依然《きゅうたいいぜん》とした家族制度。女、子どもは、主人である男のいうことをきかなくてはならない。どちらも主人の所有物であり、妻は夫の世話をし、息子は家をついで父をささえ、娘はよりよい家に嫁いで、より強力な親類関係を、家のつながりを築いていかなくてはならない。娘にとっての良縁とは、家の繁栄《はんえい》のことであり、相手がカネをもっているかどうか、名家であるかどうかが重要であって、本人の意志とは関係ない。そんなバカみたいなしきたりにしたがうことが、道徳といわれているのである。

けれど先生は、そんなに人間はいわゆる道徳にばかり気がねしなければ生きて行けないものでしょうか。誰も彼も神様でない以上そうそう小さくなってもいられないと思います、早い話が先生だって道徳を侮辱《ぶじょく》したことはないとはいえないでしょうと思います。道徳は必ずしも真理ばかりではないと思います、神様は決してあんな道徳などという窮屈《きゅうくつ》なものは造りはなさらなかったのだと思います。

都合次第にできたものなら都合次第に破壊してもさしつかえのないものだと思います。人間の本性を殺すようなもしくは無視するような道徳はどしどし壊してもいいと思います。(11)

好きなひとを好きになってはいけない。理不尽《りふじん》だ。いま、その理不尽が道徳とよばれているならば、まずは壊すことからはじめてみましょうか、先生。そううったえかけているのである。しっかりした教え子だ。しかし、そうはいってもまだ結婚というのは家のため、親のためにするものだと考えているひとがおおかった時代である。本人の意志がどうこうとか、恋愛をして好きな相手とむすばれたいとかいうのは、子どもが駄々をこねているにひとしい、わがままだといわれていた。これにたいして、野枝は上等だといわんばかりに、べつの文章でこうきりかえしている。

皆は私のことをわがままだとか手前勝手だとかいっていますけれども本当に考えてみると私よりも、周囲の人たちの方がよほどわがままです。私は自分がわがままだといわれるくらいに自分の思うことをずんずんやる代《かわ》りに人のわがままの邪魔はしません。私のわがままと他人のわがままが衝突した時は別として、でなければ他の人のわがままを軽蔑《けいべつ》したり邪魔したりはしません。自分のわがままを尊敬するように他人のわがままも認めます。けれども世間にはそういうことを考えている人はそんなにありません。皆誰も彼も自分はしたい放題なことをして他人にはなるべく思うとおりなことはさせまいとします。(12)

ひとはみなわがままだ、それに徹していいんだということである。自由にものを考え、自由に行動する。大切なのは、たがいのわがままを認めあうことであり、それ以外はなにもない。でも世のなかには、自分だけわがままをして、そのために他人をしたがわせたいというわるい奴らもたくさんいる。しかもムカつくのは、そいつらがムリやりやらせていることなのに、それがあたりまえなんだとか、道徳的なことなんだとかいってくることだ。その典型が、結婚制度。結婚は家のためだとか、娘の良縁のためだとかいわれているが、そのじつ、女、子どもまでふくめて、家の所有者である主人の利益にしかなっていない。家をおおきくするということは、主人の社会的地位をたかめるということであり、娘をもらったり、やったりするということは、主人の財産を増やすということである。ただのわがままじゃないか。そんなの、ひとに強制してはぜったいにいけない。

ちなみに、野枝にとって、その主人にあたるのが代のおじさんであった。もちろん、おじさんには女学校にいかせてもらった大恩《だいおん》がある。でも、それはあくまで親切心でやってもらったことであって、おじさんのわがままにつきあう必要はまったくない。したがうもんか、ど根性。家のことなんて関係なく、好きなひとと好きに恋をして、好きなだけセックスをすればいい。世間からは、道徳的にわるいことだといわれてしまうかもしれない、やましいことだといわれてしまうかもしれない。しかしちょっとまてよと、野枝はそれまでの持論をふまえながら、「矛盾《むじゅん》恋愛論」(一九一五年一月)で、つぎのように述べている。

自由恋愛が罪悪のように思われるのは、従来の結婚の手続きが他人即ち媒介人や双方の両親あるいは親戚などいうものによってなされるのに彼らの真の恋愛が邪魔をする場合が多いからでございます。故《ゆえ》に世間の多数者はその不都合な結婚の形式を破ることをせずに自分たちの利害関係から本人たちを無視して自由恋愛が親やその他の者に多くの場合に苦しい思《おもい》や不自由な思いをさせるのを理由として不孝の罪を必ず犯すものとして恋愛を罪悪視したのです(13)。

恋愛がやましいものだといわれるのは、家の、主人の利益にそむくことがあるからだ。ほんとうのところ、なにもわるいことはしていない。ひとがひとを好きになり、むすばれることのなにがわるいのか、それのどこに問題があるのか。むしろ家のために、財産を築くために、おまえら愛しあえとかいっているほうが、ぜんぜんやましいのではないだろうか。恋愛は不純じゃない、結婚のほうが不純なんだ。ここで、野枝はまだ強制された結婚に反対しているだけで、結婚制度そのものがいらないといっているわけではない。でも、なにかのためにではなく、ただ好きだ、ただセックスがしたいという純然たるおもいで突っ走っていく、それでいいんだという野枝の思想は、いずれ結婚制度そのものを否定していくことになる。大切なのはただひとつ。おのれのわがままに徹することだ。邪魔だてされたら問答無用。どんなきたない手をつかってでも撃ってやる。

究極の夜逃げ

しかし、だれもが野枝のようにできるわけではない。いつだってまわりとケンカ上等でぶつかっていくのは、ほんとうに大変なことだ。それはちがうとおもっていても、まわりがそうしているのをみると、ついつい社会道徳なるものにしたがってしまう。

しかもこわいのは、いちどその道徳にとらわれると、なかなかぬけだすことができないということだ。そうしなければいけない、そうするのがいいことだ。あたまではいやいやとおもっていても、どうしてもそこにひきずりこまれてしまう。つらい、つらい。しょうじき、野枝はその感覚もよくわかっていた。自分がそうだったということではない。知り合いが、それで苦しみもがいたあげく、自殺してしまったからである。

第一章でふれた、周船寺高等小学校の担任で、野枝にすごくやさしくしてくれた女性教師をおぼえているだろうか。谷先生というひとなのだが、我《が》をとおして東京にでていった野枝にあこがれてでもいたのだろうか、野枝が上野高等女学校にはいってからも、ちょくちょく手紙をくれていた。人生相談みたいな手紙がおおく、なぜか教え子の野枝が「先生がんばってください」とはげましの手紙を返していたようだ。でも、ちょうど野枝が末松家に籍をいれられ、このやろうと大もめにもめていたころ、先生はひとり池に身をなげ、死んでしまった。マジかよ、ショックである。なぜ、先生は死ななければならなかったのか。野枝はもらった手紙をよみかえし、わかったことがあった。道徳だ、道徳がわるい。先生は、自分とは異なるかたちで道徳とたたかい、そして死んだのだと。野枝はそれを「遺書の一部より」(一九一四年一〇月)という文章にして発表している。自殺した先生になりきって、遺書を創作したのである。めちゃくちゃいい文章なので、ちょっと丁寧《ていねい》に紹介してみたいとおもう。

私のすべては唯《ただ》屈従です。人は私をおとなしいとほめてくれます。やさしいとほめてくれます。私がどんなに苦しんでいるかも知らないでね。私はそれを聞くといやな気持ちです。ですけど不思議にも私はますますおとなしくならざるを得ません。やさしくならずにはいられません。(14)

まわりから、女はこうあるべきだ、おとなしくしろとかいわれていると、ほんとうはちがうとおもっていても、ついついそうふるまってしまう。しかも、それができてほめられると、なんだかうれしくなってやっぱりまたしたがってしまう。ようするに、道徳にとらわれてしまって、なかなか逃げられないということなのだが、それを、「私のすべては唯屈従です」と表現しているのである。苦しい。

私には一日だって、今日こそ自分の日だと思って、幸福を感じた日は一日もありません。私は私のかぶっている殻《から》をいやだいやだと思いながらそれにかじりついて、それにいじめられながら死ぬのです。私にはいつまでもその殻がつきまとい

ます。それに身うごきができないのです。(15)

まわりにほめられるようなことだけをしているうちに、自分には殻がかぶせられてしまった。どこそこの家の娘としての、長女としての、女としての、女教師としての殻がかぶせられてしまった。身動きがとれない。自分のことが自分でできない。いつだって、まわりによってきめられた一日を笑顔でこなす、それだけだ。苦しい、苦しい。どうしたらいいか。野枝のように、まわりとドンパチやる勇気はもうとうない。でも、そんな自分にもやれることはある。

私はよわいけれどぐちはこぼしません。あなたもそれを肯定してください。私の最後の処決こそ私自身の一番はじめの、また最後の本当の行動であることをよろこんでください。私のその処決がはじめて私の生きていたことの本当の意義をたしかにするのです。私は私の身をまた生命をしばっている縄をきると同時に私はすべての方面から一時に今までとり上げられていた自由をとり返すのです。どうぞ私のために一切の愚痴《ぐち》はいわないでください。(16)

直接行動としての自殺である。直接行動というのは、自分の心身を他人のおもうがままにはさせない、自分のことは自分できめるということをしめす行為だ。野枝が、親や親戚のいうとおりに結婚しろという道徳にとらわれそうになったとき、夜逃げをすることで、その意志をしめしたとしたら、谷先生はおなじことを自殺でやったのである。ただかわいそうな死にかたをしたんじゃない。自分の生命をしばっている縄を自分でたちきったんだ、自分の生死を自分できめたんだと。はじめにしておわりの、帰り道のない、ある種、究極の夜逃げである。いちどは、自分も松原《まつばら》海岸に身をなげようとしていた野枝である。先生の気持ちが、いたいほどわかったにちがいない。もちろん、ほんとうに死ななくたってよかったのかもしれない。まわりの目を気にして生きている自分を、道徳にとらわれた自分を殺せばよかっただけなのだから。そういう自分の気持ちもこめて、野枝は先生のおもいをつぎのようにまとめている。

あなたは何にも拘束されない強者として活《い》きてください。それだけがお願いです。屈従ということは、本当に自覚ある者のやることじゃありません。私はあなたの熱情と勇気とに信頼してこのことをお願いします。忘れないでください。他人に讃《ほ》められるということは何にもならないのです。自分の血を絞り肉をそいでさえいれば人は皆よろこびます。ほめます。ほめられることが生きがいのあることでないということを忘れないでください。何人でも執着を持ってはいけません。ただ自身に対してだけは全ての執着を集めてからみつけてお置きなさい。私のいうことはそれだけです。私は、もう何にも考えません。[17]

大切なのは、この究極の夜逃げに賭けられているおもいを、きちんとうけとめるということだ。他人にほめられることなんてどうでもいい。なにものにもしばられずに、ただ自分のことだけに執着をあつめておけばいいのである。他人の迷惑かえりみず。やりたいことしかやりたくない。それができなければ、即トンズラだ。夜逃げの哲学。逃げろ、もどるな、約束まもるな。女はこうあるべきだとか、社会の約束ごとをまもれだとか、そんなのしったことか。約束なんて、たいていは他人によって強制されたものでしかないのだから。なにも考えなくたっていい、見切り発車だっていい、行き先なんてわからなくてもいいから、とにかくなんにもなくなるまで、ただひたすら真っ暗な闇にむかって突っ走っていけばいい。おさきまっくら、ずっとまっくら。野枝がだんだん黒くなる。わたしはわたしを無のうえにのみおいた。自分のことは自分できめる。愚痴はいらない、わがままになれ。未来は黒く染まっている。

第二章

ひとのセックスを笑うな

『青鞜』(大正元年9月)に掲載された編集部一同．
座っている前列の左から，生田長江，平塚らいてう，尾竹紅吉．
後列の左から2番目，保持研子

平塚らいてう

青山(山川)菊栄

神近市子

青鞜社の庭にウンコをばら撒く

さて、すでに一九一二年一〇月、伊藤野枝が青鞜社《せいとう》にはいったことは述べた。じゃあ、青鞜社での野枝はどんなかんじだったのだろうか。一言でいえば、わりとワイワイやっていたようである。友だちもできた。青鞜社には、同年代の女の子が何人かいて、とりわけ、尾竹紅吉《おたけべにょし》、小林哥津《かつ》の二人とは仲がよかった。一〇代、三羽ガラス。平塚らいてうによれば、いつも三人はなんのはなしをしているのかわからないけれど、ケラケラと笑いあっていて、さいごはきまって体のでかい紅吉が、野枝と哥津の背中をバーンとぶったたいていたという。ほのぼのしている。でも、ほんとうのところ、野枝が入社したころの青鞜社は、ちょっとした緊張状態にあった。その直前から、メディアの猛バッシングにあっていたのである。

きっかけをつくったのは紅吉。かの女は大阪出身の画家で、天才といわれるほど絵を描くのがうまかったのだが、とにかく破天荒《はてんこう》。酒好きで、男友だちと夜な夜な飲みあるいては女の子を口説《くど》いてまわったりしていた。その紅吉が、たまたまはいった日本橋のカフェー「メイゾン鴻乃巣《こうのす》」で、五色《ごしき》の酒というのを飲んだらしい。洋酒をアルコール度数のつよい順にいれて、五色の層をつくるというだけのことなのだが、ものめずらしさに紅吉がそれを文章にかいた。いまだったら、なんということもないはなしなのだが、それをメディアがとりあげ、青鞜社の女どもはふしだらであり、男みたいにいつも飲んだくれてばかりいると報じたのである。また夏ごろ、紅吉はおじさんにすすめられ、青鞜社のメンバーで、吉原《よしわら》の遊廓《ゆうかく》見学を企画した。らいてうをふくめて三人で遊廓にあがり、酒を飲んだ。これもそれだけのはなしなのだが、おしゃべり好きの紅吉がいろんなところで、おもしろおかしくしゃべったらしい。『都《みやこ》新聞』で報じられ、青鞜社の女どもは女郎《じょろう》を買うとメチャメチャにかかれた。ひどいものだ。これがスキャンダルとしてあつかわれて、青鞜社はバッシングの嵐。抗議文がジャンジャンとどくし、らいてうの家には石が投げこまれるほどであった。野枝がはいってきたのは、そんなときだったのである。

でも、野枝にとってはそんなのなんのその。むしろまってましたというところであった。らいてうとともに「新しい女」を名のってうってでる。女だからああしろ、こうしろとか、意味のわからないことをいってくる連中をやっつけるのだと。らいてうによれば、野枝の負けん気のつよさはすさまじかったらしく、いつも青鞜社にきて雑誌をよんでいるのだが、青鞜批判の文章でもみつけると、プリっぷりしながら「わたし、かいてやるわ」といってよみかけの雑誌を手にもち、さっと反論の文章をかきに帰ったりしていたという。らいてうは、そんなふうにやる気があって、しかも自分とおなじように評論をかける野枝にうんと期待をよせていた。

しかしざんねんながら、野枝をいちやく有名人にしたのは、紅吉とおなじくスキャンダルであった。一九一三年六月一三日、木村荘太《そうた》というひとから、野枝宛ての手紙がとどいた。よんでみると、あなたはわたしにとって理想の女性だとかかいてある。ラブレターだ。木村は、二六歳。谷崎潤一郎《たにざきじゅんいちろう》や和辻哲郎《てつろう》と『新思潮』(第二次)という雑誌をたちあげたり、岸田劉生《りゅうせい》や高村光太郎とともに、『フュウザン』という同人誌をだしたりしていたひとだ。若手の文筆家である。どうも、木村は友人たちと賭けをしていたらしい。いま話題になっている新しい女を口説けるかどうか。それでわかい女の子を口説こうとおもい、野枝の文章をよんでいたら、脳内でほんとうに好きになってしまった。ひどいはなしだ。ひどいはなしなのだが、お恥ずかしながら、野枝はこれにひっかかってしまった。わたしいまモテ期なんじゃないかと。ドキドキだ。六月二三日、『青鞜』の印刷所で、木村とあう。木村は野枝をおとすためにことばをつくすが、いかんせん中身がない。ふだん、夫の辻潤から、むちゃくちゃ教養のあるはなしをきいている野枝である。すこしばかりできる文学青年からはなしをされても、たいしたことがない。つまらない。野枝の恋心は、すぐに冷めてしまった。

野枝からすれば、これでおわりだ。でも、おさまりがつかなかったのが辻である。辻は、野枝の心のうごきに気づいてしまった。ムカつく。野枝にたいして、「おまえはオレとわかれたいのか」ときいてみると、泣きながら「いやだ、いやだ」という。じゃあわかったといって、辻はひとり木村の家にのりこんだ。木村にたいして、淡々と野枝には気持ちがないことをつたえた。木村はグッタリ。勝負ありだ。とはいえ、あんたら二人とも文筆家なんだしねということで、それぞれことのあらましを小説にし、発表させることにした。底意地がわるい。木村は「牽引《けんいん》」、野枝は「動揺」という小説をかいた。この野枝の小説がおもしろかったということもあって、三人のことが『時事新報』でとりあげられた。むろんスキャンダルとしてである。しかしこれがきっかけとなって、野枝の名が世間にしられることになった。辻のおかげだ。

それからまもなくしての、九月二〇日、野枝は長男の一《まこと》を出産している。このころ、野枝と辻はかつての家をでて、二人でくらすようになっていた。五月からは巣鴨町上《すがもちょうかみ》駒込《こまごめ》三二九番地に移転。となりには小説家の野上弥生子《のがみやえこ》が住んでいて、野枝とはすぐにうちとけて仲よしになった。野枝は子育てのこともふくめて、いろいろと相談にのってもらっていたようだ。しかも、弥生子はけっこうな金持ちで、野枝たちとくらべるとうんとひろい家に住んでいる。だから、弥生子が家をあけるときなどは、野枝が「わたし留守をあずかるわ」といってカギをあずかり、遠慮なく家にあがりこんで、辻といっしょにわが家同然につかっていたようだ。友だちの家は、わたしの家。ひろい、ひろい。

とにかく、辻といっしょにいたということもあるとおもうのだが、子どもを産んでからの野枝は、ますますわがままになっている。貧乏に徹し、わがままに生きろ。それがあたりまえなんだといわんばかりに。たとえば、野枝はいつも青鞜社に赤ん坊をつれていった。家にいる辻は、仕事もしなければ、家事も育児もしてくれないからだ。でも、つれていけばなんとかなるもので、みんなかわいい、かわいいといってあやしてくれる。野枝は、そのあいだに原稿をかいた。ちなみに、らいてうは原稿に集中したいのに、赤ん坊がぎゃあぎゃあとわめくので、うるさくてしかたがなかったといっている。もうしわけない。しかも赤ん坊は、畳のうえで平気でおしっこをする。びしゃびしゃだ。赤ん坊なのだからしかたがないのだが、これにたいする野枝の対応がまたすごい。まったくわるびれもせずに、びしゃびしゃになった畳を、汚れたオムツでチョンチョンとふくだけで、なにごともなかったかのように仕事をはじめたそうだ。

さらに、赤ん坊はウンコもする。じゃあこれはどうしたのかというと、野枝は赤ん坊を縁側につれていき、手ばやくオムツをとって、それをバサバサっとはたいていたそうだ。青鞜社の庭にウンコをばら撒く。そして、またなにごともなかったかのように仕事をはじめた。野枝さん……。あまりに臭いので、野枝がかえったあと、いつも保持研子がブーブーいいながら掃除をしていたそうだ。わたしも経験があるのだが、田舎《いなか》暮らしのおじいちゃんがうちにやってきたとき、とつぜん庭でおしっこをしはじめてびっくりしたことがある。野枝もそういうかんじだったのだろう。幼いころから田舎でそだった野枝にとって、庭に糞尿《ふんにょう》が捨てられることなんてあたりまえだったのだ。ウンコのことばかりじゃない、子そだては妻ひとりでやるものじゃなく、親戚や友人の手をかりてやるものだというのも、幼いころからの感覚としてもっていたにちがいない。教訓だ。子どもを産んで、子どもにもどる。それ重要。

レッド・エマ

ちなみに、この時期は野枝にとって思想的にも飛躍のときであった。一九一三年夏ごろ、野枝はエマ・ゴールドマンについての短い伝記をよんだ。感動だ。野枝はエマになりたいとおもった。どんなひとだったのか、かんたんに紹介しておこう。エマは一八六九年、リトアニア生まれのアナキスト。ユダヤ人として生まれたのだが、リトアニアではやたらと迫害をうけたため、ケーニヒスベルクを経て、一八八二年、おもいきってロシアのサンクトペテルブルクに移住した。手袋工場ではたらく。超貧乏。このころから、ナロードニキのバイブルであるチェルヌイシェフスキー『なにをなすべきか』をよんでいた。一八八五年、姉とともにアメリカのニューヨークに移住。裁縫工場ではたらいた。この工場の移住労働者へのあつかいがあまりにもひどいので、エマは資本主義に反感をいだくようになった。いつか、このブルジョアどもをぶち殺してやるんだと。

一八八九年、マンハッタンで生涯の同志になるアレクサンダー・バークマンとであった。ともに当時、アメリカでもっとも有名なアナキストであったヨハン・モストの影響をうける。モストは「行動によるプロパガンダ」をよびかけ、テロリズムなどの暴力行為をつうじて、人びとの資本主義にたいする怒りをもえあがらせようとしていた。まずは、みずから身を捨てて決起せよ、それで人びとの反逆行為をあおるのだと。わかいエマとバークマンは、モストの思想にしびれてしまう。これだ、これしかない。そうおもっていたまさにそのとき、もってこいの事件がおこった。一八九二年六月、ペンシルベニア州ホームステッドにあるカーネギー社の製鋼工場でストライキが発生したのである。このとき、工場長のヘンリー・クレイ・フリックは、悪名たかい探偵・警備会社、ピンカートンから武装した警備員をやといいれ、鎮圧をはかった。とうぜん、ドンパチがはじまる。一二時間もの銃撃戦がくりひろげられ、労働者側が敗北。労働者側九名、警備員側七名の死者をだした。このはなしをきいて、エマとバークマンはたちあがる。工場長のフリックをヤッツケようと。七月二三日、バークマンは拳銃を片手にフリックの事務所にのりこんだ。二発、三発と発砲するも失敗。ちかくにいた労働者にぶんなぐられ、気絶した。逮捕される。バークマンはこれで一四年間、刑務所にいれられることになった。このあと、エマもバークマンを擁護《ようご》する演説をぶって逮捕。一年間、刑務所にいれられることになった。

でも、エマはめげない。出所してからも、いくどとなく決起せよという演説をぶった。一九〇一年九月、マッキンリー大統領暗殺。よし。やったのは、レオン・チョルゴッシュというわかいアナキストであった。逮捕後、かれがエマの演説の影響をうけていたことがわかり、なにもしてないのにエマもつかまった。むろん、すぐに証拠不十分で釈放されたのだが、これを新聞各紙が大々的に報道した。血のイメージなのだろう、「レッド・エマ」の異名をもらいうけた。上等だ。そんなこんなで、一九〇六年、バークマンが出所すると、いっしょに『マザーアース』という雑誌をたちあげた。

世界中のアナキストによまれる雑誌となる。じつはそのころ、日本からは幸徳秋水が渡米していて、エマとはあっていないが、この『マザーアース』のメンバーと交流していった。

幸徳にとって、このアメリカでの経験は大きくて、帰国後、公然とアナキストを名のり、直接行動をよびかけるようになった。前章でもすこしふれたが、直接行動というのは、自分のことは自分でやる、やれるんだということを行動にして示すことだ。ちなみに、アナキズムは他人の支配なんてうけない、うけなくてもやっていけるという思想なので、それをかたちにする一つの方法が直接行動ということになる。幸徳は、とにかくあおりまくった。労働者たちよ、決起せよ、資本家や政治家の恩情を乞おうとしたところでムダなことだ、かれらは自分たちの利益になることしかやりやしない、貧しくてろくにパンも買えないのであれば、自分たちの力で自分たちのパンを奪いとればいい、ジャマするやつがいれば、資本家だろうと、政治家だろうと、警察だろうと、みんなぶんなぐれ、ヤッツケロ、自分たちのことは自分たちでやるのだと。もちろん、その決起のなかには、ストライキもはいれば、暴動、一揆、テロリズムもはいっていたわけで、幸徳はもろに官憲《かんけん》からマークされた。一九一〇年には、天皇暗殺の容疑をデッチあげられ、逮捕されている。翌年、首を吊るされて死んでしまった。大《たい》逆《ぎゃく》事件だ。エマはこの事件をしって、怒り心頭。この年の一一月二三日には、ニューヨークで抗議集会をひらき、さらに日本政府にたいして、国際的な抗議キャンペーンをはってくれた。いいひとだ。

野枝がまなんだエマの半生は、こんなところだ。とにかく、もうかっこいい。すっかり、エマの生きかたにひかれてしまった。かの女がどんな考えかたをしているのか、もっとしりたい。それで一九一三年九月、野枝は『青鞜』で、エマの「婦人解放の悲劇」を翻訳することになった。翌年三月には、「結婚と恋愛」、「少数と多数」といったエマの論文、ヒポリット・ハヴェル「エマ・ゴールドマン小伝」、それにエレン・ケイの論文をくわえて、『婦人解放の悲劇』(東雲堂書店)という翻訳本をだすことになった。じつは、この「婦人解放の悲劇」、もともと大杉栄が自分のやっている『近代思想』という雑誌で翻訳するつもりであった。大杉は一八八五年生まれ、野枝よりも一〇歳上。幸徳の弟分にあたるアナキストで、その遺志をひきつぎ、海外のあたらしい思想を紹介しながら、独自の直接行動論なんかを展開していた。よんでもらうと一《いち》目瞭然《もくりょうぜん》なのだが、大杉はとにかく文章がうまくて、この時点で、すでに売れっ子の文筆家になっていた。

しかも、文章ばかりじゃない。大杉は、小さいころから軍人になるためにきたえられ、棒術や柔術をきわめていて、ケンカもめちゃくちゃつよかった。まあ、そのケンカをしすぎて陸軍幼年学校を退学になったのだが、その後、アナキストになってからは、もちあじの腕っぷしのよさをいかして、暴動をあおったり、警官となぐるけるの衝突をくりかえしていた。文字どおり、直接行動のひとだったのである。そんな大杉がエマを訳そうとおもっていたのだが、ちょうどベルクソンの思想にはまってしまい、もっと勉強がしたい、時間がほしいとおもって、それで同志の荒畑寒村《あらはたかんそん》に翻訳をゆずった。そして、その荒畑も青鞜社のわかい女性がエマを訳したがっているときいて、わざわざゆずってくれたのだ。野枝にとっては、ありがたいはなしである。

そんな縁もあったからだろうか、『婦人解放の悲劇』をよんだ大杉は、大興奮。やばい、すごいのがでてきたと。一九一四年五月、大杉は『近代思想』で野枝をこんなふうに絶賛している。

僕は、僕らと同主義者たるエンマ・ゴルドマンに、野枝氏が私淑《ししゅく》したからというので、ただちに氏をほめ上げるのではない。こういってははなはだ失礼かもしれんが、あの若さでしかも女という永い間無知に育てられたものの間に生《うま》れて、あれ程の明晰《めいせき》な文章と思想とをもちえたことは、実に敬服にたえない。これは僕よりも年長の他の男が等しくらいてう氏にむかってもいいえたことであろうが、しかしらいてう氏の思想は、ぼんやりしたあるところで既に固定した観がある。僕はらいてう氏の将来よりも、むしろ野枝氏の将来のうえによほど嘱目《しょくもく》すべきものがあるように思う。(18)

すこしえらそうだが、大杉からしたら最大限ほめているつもりだろう。野枝にしても、うれしかったにちがいない。考えてみれば、エマやバークマンみたいなことをやっている大杉から、このひとはらいてうよりもすごいといわれているのだから。天狗《てんぐ》になりそうだ。とはいえ、ほんとうのところ、この翻訳は野枝がやったものではなかった。野枝は、そこまで語学ができたわけではない。このときは野枝の後学のためにということで、辻が訳してくれた。さすが元英語の教師である。もちろん、野枝のためにやってくれたものだから、野枝の訳だといってもいいわけだし、大杉にほめられた「序文」については、野枝がかいたものである。ほどこしをうけたら、ありがたくもらえ。貧乏人の処世術。乞食《こじき》の名誉だ。

よほど野枝に興味をもったのだろう。同年七月、大杉は共通の知人である渡辺政太《まさた》郎《ろう》に紹介してもらって、野枝と辻の家を訪問した。

「ほんとうによくいらしてくださいました。もうずいぶん久しい前から、お目にかかりたいお目にかかりたいと思っていたんですけれど。」

彼女は初対面の挨拶が済むと親しみ深い声で言った。

「まあずいぶんお丈夫そうなんで、わたしびっくりしましたわ。お病気でだいぶ弱っていらっしゃるようにも聞いていましたし、それにS〔堺利彦〕さんの『O〔大杉栄〕とA〔荒畑寒村〕』の中に『白皙《はくせき》長身』なぞとあったものですから、丈《せい》はお高いかもしれないが、もっと痩《や》せ細った蒼白《あおじろ》い、ほんとうに病人病人した方とばかり思っていたんですもの。」

「ハハハハハハ。すっかり当てがはずれましたね、こんな真っ黒な頑丈《がんじょう》な男じゃ。(19)」

これが大杉と野枝のはじめての会話だったようだ。けっこう仲よくしゃべっている。むろん、まだどちらにも恋愛感情はない。大杉からしても、女性の同志をオルグしにいったというかんじだったろうし、野枝からしても、有名なアナキストがわざわざ自分をたずねてきてくれてうれしいといったところだったろう。いずれにしても、野枝は絶好調。そろそろ、らいてうの先へとすすむときがきたようだ。

野枝の料理はまずくて汚い?

一九一四年にはいってから、らいてうは身軽にうごけなくなっている。恋をしたからだ。その年の一月から、らいてうは五歳下のイケメン、奥村博史《ひろし》と同棲するために居心地がよかった実家をでている。とうぜん、カネがなくなる。奥村は画家で、らいてうとおなじように実家こそ金持ちだったものの、自立してしまえばただの貧乏人。しかも、二人とも家事の経験がない。なにより、らいてうは台所にたつのが大嫌いだった。生活、めちゃくちゃだ。そのはなしをきいた野枝が心配し、うちのちかくにひっこしてきませんかとさそう。そしたらお昼と夜はうちでご飯を食べましょう、二人分つくるのも、四人分つくるのもかわりませんから、わたしみなさんの分をつくりますよ、だからおカネだけくださいなと。いい提案だ。生活にこまったとき、孤立するんじゃなくて、みんなでわいわいやる。野枝が身につけてきた処世術のひとつである。六月、らいてうと奥村は上駒込にひっこしてきた。

毎日、昼と夜になると、みんなであつまってご飯を食べる。たのしそうだ。でも、その生活は一か月もつづかなかった。なぜか。らいてうの回想をみてみよう。

ところで、野枝さんのつくってくれる食事ですが、いま思うと、よくあそこで食事をしたものだと、おかしく思われます。あのころ、辻さんのお母さんたちとは、どういうわけがあってか、別居していたからでしょうが、家のなかには、炊事道具などほとんどなく、金盥《かなだらい》がすき焼《やき》鍋に変わったり、鏡を裏返して、俎板代《まないたがわ》りに使われたりしていました。茶碗などもないので、一枚の大皿に、お菜《さい》とご飯の盛りつけです。

野枝さんは、料理が下手というより、そんなことはどうでもいいというふうで、コマ切れのシチューまがいのものを、ご飯の上へかけたものなど、得体の知れないものをよくつくりました。仕事は手早い代りに、汚いことも、まずいことも平気です。(20)

なんてことをいうのだろう。お世話になっておいて、よくこんなことがいえたものだ。野枝の料理はまずくて汚いと。わたしなどからすると、シチューぶっかけご飯とか、超うまそうじゃないかとおもってしまうのだが、大正時代の金持ちの感覚というのはちょっとちがうのだろう。けっきょく、らいてうと奥村は二人で外食して帰るようになり、共同で食事をとるのはおわりとなった。たぶん、このときの様子がうわさになってひろまったのだろう。野枝は家事ができないというレッテルをはられることになった。できないのはらいてうなのに、野枝はなんにもわるいことなんてしていないのに。かわいそうだ。

そんなわけで、らいてうと奥村はふたたびひっこしていった。一〇月一二日、二人は千葉の御宿《おんじゅく》海岸に旅立った。新婚旅行気分をあじわいたいと。しばらく、そこに滞在する。その間、野枝が『青鞜』の編集をまかされた。まあ、すぐに帰ってくるだろう。そんなふうにおもっていたが、らいてうはなかなか帰ってこない。あれ、もうやる気がないのだろうか、だったら。一一月七日、野枝はらいてうに長文の手紙をかいた。ながながとかいたようだが、いっていることは単純だ。おまえやる気がないんだったら、わたしに『青鞜』をゆずれと。これをみたらいてうは、びっくりする。ちょっと休ませてもらおうとおもっていただけなのに、なぜこんなことを。数日後、らいてうは東京にもどってきて野枝とはなしをした。さいしょは、すぐに復帰するといおうとおもっていたのだが、野枝がやたらとやる気満々なので、これはやらせるしかないとおもった。『青鞜』の編集権を野枝にゆずる。らいてう自身、奥村といっしょに、もうすこしゆっくりしたいという気持ちがあったのだとおもう。一九一五年一月、

『青鞜』の発行人が野枝になった。ここから、『青鞜』の第二期がはじまる。

もっと本気で、もっと死ぬ気で、ハチャメチャなことをかいて、かいてかきまくれ

まず、野枝はあたらしい『青鞜』の編集方針を発表した。

まず私は今までの青鞜社のすべての規則を取り去ります。青鞜は今後無規則、無方針、無主張無主義です。主義のほしい方規則がなくてはならない方は、各自でおつくりなさるがいい。私はただ何の主義も方針も規則もない雑誌をすべての婦人たちに提供いたします。(21)

これが有名な「無規則、無方針、無主張無主義」方針である。ずいぶん、おもいきったことをいったものだ。もちろん、いいかげんにやるとか、どうでもいい文章を載せるとか、そういうことではない。むしろ逆である。はじめからいっちゃいけないことなんて存在しない。だから公序良俗《こうじょりょうぞく》なんて無視してしまって、おもうぞんぶんかいてくれ。もっと本気で、もっと死ぬ気で、ハチャメチャなことをかいて、かいてかき

まくれ。そういっているのである。マジだ。そんな方針をたてたかいもあって、第二期の『青鞜』では、三つの論争がまきおこることになった。貞操《ていそう》論争、堕胎《だたい》論争、廃娼《はいしょう》論争の三つである。ぜんぶ、野枝もかかわっているので、かんたんに紹介しておこう。

(一) 貞操論争

この論争は、生田花世《いくたはなよ》の「食べることと貞操と」(『反響』一九一四年九月)に端《たん》をはっしている。ここで花世は、もしほんとうに食うにもこまる状態におちいったならば、女性は貞操を捨てるのだっていとわないと述べている。これにたいして、安田皐月《さつき》が「生きる事と貞操と」(『青鞜』一九一四年一二月)をかいてかみついた。

氏のさす操《みさお》――昔から単に女に多く用いならされたあれだけの意味に私は取ってはいない。また氏もそのはずである。私はこれからもすべて恐ろしい広義に用いているのである――というのは人間の、少《すく》くも女の全般であるべきはずだ。決して決して決して部分ではない。部分的宝ではない。これだけが貞操で、これからが貞操の外だなどといい得るわけがない。人間の全部がそれでなければならな

い。女の全部がそれでなければならない。何物をもっても何事に合っても砕く事のできないものが操であるはずだ。(22)

ようするに、花世が、女性の貞操には商品価値がある、だからほんとうにこまったときは、くやしいけれど体を売ってでも生きるんだといっていたのにたいし、皐月は女性の貞操というのはそんなものではない、女性としての、人間としての尊厳そのものであって、商品のように、モノのようにあつかってはいけないといっているのである。カネで秤《はかり》にかけて、これだけは売りましょうとか、そういうふうに切り分けたり、部分としてあつかったりすることはできないものだ、けっして砕くことができないものなんだと。この二人に触発されて、野枝も筆をとっている。

在来の貞操という言葉の内容は「貞女両夫《ていじょりょうふ》に見《まみ》えず」ということだとすれば私はこんな不自然な道徳は他にあるまいと思う。(23)

野枝にいわせれば、そもそも貞操という発想がおかしい。まえにもふれたかもしれないが、戦前の日本には姦通罪《かんつう》というのがあって、夫は未婚女性と浮気をしてもなにもいわれないのに、妻が浮気をすると姦通だなんだといわれて相手の男ともどもうったえられる。野枝は、これってかんぜんに不平等だよねといったうえで、じゃあなんでこんな法律があるのかというと、旧態依然《きゅうたいいぜん》とした家族制度があって、男が女を家のなかに囲っておきたいとおもっているからなんだといっている。貞操というのは、そういう男たちの願望をかなえるためにつくられた不自然な道徳にすぎないのだと。そのようにいったうえで、野枝は、はっきりと断言する。

私がもしあの場合処女を犠牲《ぎせい》にしてパンを得ると仮定したならば私はむしろ未練なく自分からヴァージニティを逐《お》い出してしまう。そうして私はもっと他の方面に自分を育てるだろうと思う。私はそれが決して恥ずべき行為でないことを知っている。(24)

この点では、花世にちかい。でも、野枝にいわせれば、花世はみずからの処女性を捨てることを恥ずかしい行為だとおもっている。だから、貞操云々《うんぬん》にこだわるのである。男だろうが、女だろうが、ひとは自由に恋をして、セックスをしていいのであり、食うにこまったら、他の労働者がそうしているように、自分の体を切り売りしてカネをつくったっていいのである。すくなくとも、道徳的に善悪をいうことではない、貞操なんて気にするな。野枝は、この文章をつぎのようにしめくくる。

ああ、習俗打破《しゅうぞくだは》！　習俗打破！　それより他には私たちのすくわれる途《みち》はない。呪《のろ》い封じ込まれたるいたましい婦人の生活よ！　私たちはいつまでもいつまでもじっと耐えてはいられない。やがて――、やがて――。(25)

やばい、しびれる、たまらない。ほんとうのところ、こういう論争に勝ち負けなんてないのだが、野枝が圧勝している気がする。ああ、習俗打破、習俗打破。

(二)　堕胎論争

この論争は、原田皐月の小説、「獄中《ごくちゅう》の女より男に」(『青鞜』一九一五年六月)にはじまる。皐月は、さきほどの安田皐月であるが、貞操論争をやっているころ、俳優の原田潤と結婚して原田姓となっていた。この小説で、かの女は当時、犯罪とされていた堕胎を肯定している。以下は、主人公の女性にかたらせたことばだ。

「女は月々たくさんな卵細胞を捨てています。受胎したというだけではまだ生命も人格も感じ得ません。全く母体の小さな附属物としか思われないのですから。本能的な愛などはなおさら感じ得ませんでした。そして私は自分の腕一本切って罪となった人を聞いた事がありません(26)」

さらに、こうつづけている。わたしは貧乏だから子どもを産んだとしてもつらいおもいをさせてしまう、そんなわたしに親になる資格なんてない、おろすしかないのだとかたらせている。だから、堕胎は罪ではないのだと。これをよんで、野枝はおなじ号の『青鞜』で反論をくわえる。いやいや、ちょっとまてよ、そもそも親になる資格のないひとなんていないのだろうか。わたしは貧乏だし、夫もはたらいていないけど、産んだら産んだでなんとかなっているぞと。そして、受胎しただけでは、まだ生命も人格もないでしょうという皐月の意見にたいして、野枝はこうきりかえしている。

しかしどうしても子どものできるということが苦痛であったり、恐ろしいと思う念を払い退《の》けることができない時には、その場合避妊をするもいいでしょうけれど一旦《いったん》妊娠してからの堕胎ということになって来ればそうはいかないと思います。

私はそれは非常に不自然なことだということが第一に感ぜられます。とにかく、それがどう育ってゆくか枯れるかは未知の問題ですわね、しかし、生命が芽《め》ぐまれたことは事実でしょう、その一つの生命がどんな運命のもとに芽ぐまれたかどうかは本当は誰にもわかりはしませんわ、それをいろいろ自分たちの都合のためにその「いのち」を殺すということは如何《いか》に多くの口実があろうともあまりに、自然を侮辱《ぶじょく》したものではないでしょうか、「生命」というものを軽視した行為ではないでしょうか。(27)

ちょっとながく引用してしまったが、ようするに避妊はいいけど、堕胎はダメだといっているのである。もちろん、法律で禁止するのがいいといっているわけではない。自分の意志の問題として、そういっているのである。受胎した時点で、それはかけがえのない「いのち」であり、これからどう芽吹いていくのかわからない未知の可能性そのものである、そだてるべきでしょうと。

これにたいして、九月号の『青鞜』で、らいてうが野枝に批判をくわえた。野枝さん、いいかげんなことをいってはいけません。「いのち」が大事だのなんだのとあいまいなことをいって、堕胎をのぞむ女性たちに、ムダな罪悪感をかんじさせるのはやめましょう。あなたがそういうことをいうのは、自分が母親で子どもがかわいいとおもっているからでしょう。そういう母性みたいなものは尊重されるべきものかもしれないけれども、わたしたちはいつも「女は子どもを産まなくてはいけない」という旧態依然とした習俗にとらわれないように気をつけなくてはいけません。あなたはいま、これにピンポイントではまっていますよと。

そして、こうつづける。野枝さんも皐月さんも、貧乏だから親の資格がどうこうとばかりいっているけれども、貧乏じゃなくても仕事をもっている女性が中絶や堕胎をのぞむことだってあるじゃないですか、それはけっしてわるいことではありません。その女性がこれからどういう生活をのぞむのか、自分できめることなんですと。たぶん、らいてうがいっていることはただしい。中絶については、女性の自己決定にゆだねるべきであるといっているのだから。でも、らいてうはおなじ論文のさいごにちょっと余計なことをかいている。いま自分も妊娠しているけれども、いろいろとまよったあげく産むことにきめました、なぜかというと、といって、こうつづける。

なおまた私はこんなことも考えました、よし自分は自分の他の方面の生活のために、自分の魂のすべてを子供の世話や教育に与えることができないにしても、そしてそれはなるほど自分にとっては苦しいことであり、子供にとっても不幸なことであるにしても、それでもなお全く無自覚な無智な劣等な女から、しかも愛なき結合の中から生《うま》れ、そういう母の無責任な手によって育てられる今日の日本の多数の子供に比較すれば、それはきっとより優れた、そしてより幸福なものに相違ないと。[28]

これはダメな気がする。産むか産まないかは自己決定だといっているのだが、そこに正しい判断基準なるものをもうけてしまっているのだから。母親に教養があるかどうか、夫婦が愛しあっているかどうか、けっきょく、幸せな家庭を築けるのかどうかがポイントだといっている。たぶん、そんなにスッキリといく問題ではないだろう。この点、やっぱり野枝なんじゃないだろうか。未知の可能性をひめた、かけがえのない「いのち」の問題だといっているのだから。それは産む、産まないに、これという尺度は存在しない、しえないということだ。たとえ夫がいなくても、自分に教養がなかったとしても、経済的余裕がなかったとしても、どうしても産みたいとおもったら産めばいいし、産むしかないのである。でも、だからこそ逆もいえて、「女は子どもを産まなくてはいけない」という習俗にしたがう必要なんてまったくない。そこに尺度なんてないわけで、うんと苦しむかもしれないが、まよいまよって、ムリだ、イヤだとおもったら産むのはやめる。というか、やめるしかないのである。野枝は、産むべきだということしかいえていないが、かの女の論旨にしたがえば、そういうことになるんじゃないかとおもう。

(三) 廃娼論争

この論争は、野枝が「傲慢狭量《ごうまんきょうりょう》にして不徹底なる日本婦人の公共事業について」(『青鞜』一九一五年一二月)という論文で、婦人矯風会《きょうふう》にケンカをふっかけたことに端をはっする。矯風会というのは、キリスト教系の婦人団体で、とりわけ公娼《こうしょう》制度の廃止をよびかけていた。公娼制度といっても、いまはききなれないかもしれないが、ようするに政府公認の売春ということである。江戸時代から、吉原などの遊廓はあったが、これはかんぜんに人身売買であった。親や親戚の借金のかたに娘が売られ、いちどかこいこまれたら自由がきかない。勝手なことをすれば、暴力をふるわれるからだ。

これ、いちおう明治時代になってからは、たてまえとしては禁止されている。文明国として人身売買はよくないと。でも、男たちの性的欲求をみたすために抜け道が用意されて、売られた遊女たちがみずからの意志で商売をしたいというのであれば、それはみとめるほかないとされた。むろん、いちど遊廓に囲いこまれた女性たちにとっては、強制もおなじなのであるが。それで政府は、遊廓を公認していたのだが、矯風会はそういうハレンチなことを政府はやってはいけない、公序良俗をみだすことになるといったのである。これにたいして、野枝はこの矯風会がいっていることはおかしいとかみついている。

「賤業婦《せんぎょうふ》」と彼女らは呼んでいる。私はそれだけで既に彼女らの傲慢さを、またはは浅薄さを充分に証拠だてる事ができる。(29)

ほんとうに苦しんでいる娼婦《しょうふ》たちをたすけたいというはなしだったらわかる。それを公認している政府を批判するのもわかる。でも、矯風会のひとたちはそうじゃない。売春は、賤《いや》しい仕事だからやめるべきだといっていたのである。女性が体を売るという、そのけがらわしい仕事を廃止しろと。野枝は、このいいかたに怒りをかくさない。生活苦のために売春をする女性たちがおおいなかで、それを賤しいというのはただのいじめなんじゃないのか、ひとの仕事にそんなことをいう権利がおまえらにあるのか、ちょっと傲慢なんじゃないのか、この金持ちどもがと。

「賤業」という言葉に無限の侮辱をこめてかのバイブルウーメンが「一人ひとりの事情については可愛《かわい》そうに思うが――」などと他聞のよさそうな事をいいながらまだその「賤業」という迷信にとらわれて可愛そうな子女を人間から除外しようとしている。それだけでも彼女たちの身のほど知らずな高慢は憎むべきである。まして彼女たちは神の使徒をもって自《みず》から任じてたつ宗教婦人ではないか？　博愛とは何？　同情とは？　友愛とは？　果《はた》してそれらのものを与え得る自信が彼女たちにあるか？　恐らく彼女たちの全智全能の神キリストは彼女らが彼の名を口にしつつかかる偏狭《へんきょう》傲慢の態度をもって人の子に尽《つく》すことをかなしんでいるに相違はないと私は思う。(30)

いやはや、意地のわるいかきかただ。意地がわるすぎて、わたしなどは心がおどってしまう。しかも、ちゃんというべきことはいっている。売春の問題にとりくむのであれば、まずはひとのことを賤しいとかいって、非人間あつかいするのをやめましょう。娼婦たちが自分たちのはたらく環境を改善するにしても、仕事をやめるにしても、ともあれそこからはじめなければ、なにをやっても意味はないでしょうと。

これをうけて、青山菊栄《きくえ》が野枝に反論をくわえた。「日本婦人の社会事業について伊藤野枝氏に与う」(『青鞜』一九一六年一月)である。まず、菊栄は矯風会の廃娼運動には意味がある、わたしも公娼制度は廃止しなくてはならないとおもっていると述べている。公娼は私娼《ししょう》とくらべて、あきらかにひどい状態におかれており、暴力的に遊廓に囲いこまれて体の自由もきかないし、食事もろくにあたえられていない。悲惨で残虐だ、封建《ほうけん》制度そのものだ、ぜったいに廃止しなくてはならないと。それに野枝は、売春自体はわるくないといっていて、しかもなくなることはないといっているけれども、女性が性を商品にすることはよくないことであり、なくさなくてはならない。もちろん、公娼をなくしても私娼になるひとはいるかもしれないが、それは女性がたずさわることのできる他の労働賃金が低いからではないだろうか。ようは社会改造である。すべての社会制度は人間がつくったものであり、こわしたいときにはいつでもこわせる。まずは、公娼制度を廃止するところからはじめましょうと。

この文章をよんで、野枝は激怒する。わたしみたいに無知で、勉強不足の人間にやいのやいのいうなんてひどいじゃないか。というか、わたしは社会制度をかえられないとも、公娼制度をなくせないとも一言もいっていないぞ。女性たちが暴力にさらされて、ひどい目にあうことにだって反対にきまっているじゃないか。それなのにといって、野枝はこうブチキレている。

いくらあなただって！　あなたは本当につまらないあげあしをとっていますね、うるさいじゃありませんか、傲慢だとか傲慢でないとかそれが私の態度なら面倒臭いからどちらでもあなたのくださるほうを頂戴《ちょうだい》しておきますよ、どっちだって私に変《かわ》りはありゃしないから。もうあとの事にいちいちお返事するのは面倒だからやめます。(31)

すごい反論だ。オマエ、マジでムカつくといっているだけなのだから。むろん、そんなことをいっても、菊栄の野枝批判はとまらない。翌月の『青鞜』で、さらに野枝をぶったたいている。内容としては、まえの論文をより丁寧《ていねい》にかいただけのことであるが、まるで野枝にお灸《きゅう》をすえるかのように、こんなふうにいっている。

なお野枝様は十二月号の論文について深い自信はないものであったとお断りになりました。自信のない言論は遊戯です。それは公人としての責任と矛盾《むじゅん》しは致しませんか。向後《こうご》は確実な知識の上に築かれた自信ある言論をのみ公表されんこ

とを切望致します。(32)

やるな、メガネザル。これをもって、廃娼論争は菊栄の勝利におわったといわれている。菊栄が、完膚《かんぷ》なきまでに野枝をたたきのめしたと。たしかに冷静沈着に、そして論理的に自分の意見を披露《ひろう》したという点ではそうだろう。でも、内容だけみるとほんとうは逆で、菊栄は野枝の問題提起にたいしてなにもこたえられていない。女性を囲いこんで奴隷のようにあつかうのはダメにきまっているとしても、女性が性を商品化するということについてはどう考えるのか。賤業なんかじゃない。セックスワークとして、ふつうの労働としてみとめるべきではないのか。ほんとうはそこまでみとめたうえで、あとは本人がなにをのぞむかというはなしであって、労働条件を改善したいとおもえばそうすればいいし、他の仕事がやりたいとおもえばそうすればいいし、そもそも自分の心と体がカネで秤にかけられるのがいやだ、はたらかないでたらふく食べたいとおもえば、そうすればいいのである。これは売春にかぎらず、どんな仕事にだっていえることだ。それなのに菊栄は、売春はいけないとしかいえていない。はっきりさせておこう。廃娼論争、野枝の圧勝だ。

大杉栄、野枝にホレる

そんなこんなで、野枝は『青鞜』でいろいろケンカをくりかえしながら、みずからの思想をつみあげていった。しかしまもなくして、『青鞜』を休止せざるをえなくなる。恋愛だ、恋愛事件である。その経緯をくわしくおっていくことにしよう。

さかのぼること一九一四年一一月二二日、野枝のもとに、渡辺政太郎がやってきた。大杉を紹介してくれた古参の社会主義者である。どうも大杉が、それまでやっていた文芸誌の『近代思想』をやめて、直球で社会問題をとりあげた『平民新聞』をはじめたのだが、発禁処分をうけてこまっているのだという。しかも官憲というのはひどいもので、印刷をしおえてから発禁命令をだしてきて、ぜんぶ没収していったりする。これかなりきつくて、ようするにカネだけかかって、それを回収する見込みがなくなるということである。カネ、カネ、カネ、されどカネ。大杉は借金まみれだ。第二号はなんとしてもということで、刷りおえてから官憲の目をあざむいて外にもちだしたのだが、おいておける場所がない。それで、渡辺が、しばらく野枝の家に隠してもらえないかとお願いにきたのである。

野枝は、即答だ。いいよ。こまったときはおたがいさまである。あたりまえだ。それにしても、なんでほかにもっと大杉をたすけようというひとがいないのか。仲間の社会主義者たちはどうしたのか。渡辺にきいてみると、まわりの人たちはみんな、政府の言論弾圧がきびしいということがわかっているのに、社会主義色を鮮明にした新聞をだそうとしている大杉がわるい、はねあがりすぎだとおもっているのだという。なにを！　野枝はこのはなしをきいて、いきどおりをおぼえた。心ある仲間さえたすけないで、なにが社会主義者だ。相互扶助《ふじょ》も連帯もありゃしない。自分だけでも、手をさしのべてあげたい。一二月、野枝は『青鞜』で、大杉たちにエールをおくった。

私は彼ら〔官憲〕の横暴を憤《いきどお》るよりも日本におけるソシアリストの団結の貧弱さを想う。あの大杉、荒畑両氏のあれだけの仕事に、何らの積極的な助力を与えることもできないあの人たちの同志諸氏の意久地《いくじ》なさをおもう。しかしそれも無理のないことかもしれないが他はおいても、私はあれに匹敵する位の刊行物がもっともっとどしどしいろんな方面から出るのが当然だと思う。(33)

ようするに、大杉たちみたいに本気でこの社会にぶつかっていこうよということである。われこそは、われこそはと、いろんな方面から声があがれば、かならず政府の言論弾圧もうちやぶることができると。じっさい、このあと野枝はらいてうから『青鞜』をひきつぎ、女性の社会問題をじゃんじゃん論じていくことになる。大杉からすれば、こんなにうれしいことはなかっただろう。なにをやってもうまくいかなくて、仲間だとおもっていた連中からも、バカだのクソだのといわれていたときに、ここまでいってくれたのだから。ほんとうの仲間はどこにいる。ここにいる。伊藤野枝だ。

翌年一月、大杉が野枝と辻のもとにお礼にやってきた。クロポトキン『麺麭《ぱん》の略取』を手《て》土産《みやげ》にもってきてくれたという。辻は、大杉が警察の尾行をつれてきたので、ちょっと不安そうであった。辻は辻で、いくつか発禁本を家に隠しもっていたので、警察がふみこんできて、それを没収されたらイヤだとおもっていたのである。でも、野枝はそんなのおかまいなしだ。大杉が「いやあ、わるいですねえ」というと、「いえいえ、こんなことなんでもありませんわ」といったという。しかも、発禁つづきでカネがないだろうからと、『青鞜』の印刷用紙をもたせようとまでしてくれた。大杉は、むちゃくちゃ感謝しながらも、さすがにそこまではとお断りすることにした。でもまちがいなく、大杉はこうおもったにちがいない。野枝、最高！

同年一月のおわりころ、渡辺政太郎夫妻が家に遊びにやってきた。ちょうど、野枝が『青鞜』をひきつぎ、いろんな社会問題に関心をもちはじめていたころである。それをしっていたからだろうか、渡辺が熱心に足尾銅山鉱毒事件のはなしをしてくれた。いわずとしれた日本初の公害事件である。明治初期から、渡良瀬川《わたらせがわ》の周辺は足尾銅山からながれでる有害物質によって、悲惨な状況におちいっていた。魚は死にたえるし、川が氾濫するたびに土地がつかえなくなっていく。農作物がそだたない。なかでも、いちばん被害をうけたのが谷中村《やなかむら》である。しかも、このときの政府の対応は、信じられないくらいひどいもので、有害物質を沈殿させるために谷中村を廃村にして、そこを遊水池にすることをきめた。村民たちが退去させられていく。がんとしてきかない村民たちもいたが、政府は堤防工事と称して、渡良瀬川の堤防をぶっこわし、わざと洪水をおこさせたりした。田畑も荒れはてて、生活ができない。それでもがんばった村民たちもいたが、一九一七年にはかんぜんに無人状態になっている。野枝がはなしをきいたのは、一九一五年であるから、その末期というか、もうぼろぼろの状態のときであった。

野枝は、谷中村のはなしをきいて涙をポロポロながした。ゆるせることと、ゆるせないことがある。そして、ゆるしちゃいけないことがある。自分もなにかしなくてはいけない。そうおもって辻にはなすと、なんかせせら笑っている。おまえ自分のこともろくにできないくせに、ひとさまの心配かよ、それはセンチメンタリズムだよと。

これをきいて、野枝は激怒する。いったい、おまえはなんなんだと。仕事をしないばかりじゃない、家事も育児もしやしない。たまに辻の母親が手伝いにきてくれたかとおもえば、女が仕事をするなんてどうなんだとか、だから家事がなっていないんだとか、おまえのせいで息子がはたらかなくなったんだとか、ピイピイピイピイとうるさいことをいってくる。ちくしょう、ぜんぶわたしがわるいのか。いいたいことばかりいいやがって。しかも、それで辻がたすけてくれればいいものだが、そういうときはだいたい家の端っこでピーヒョロロと尺八《しゃくはち》をふいている。なんなんだ、こいつは！なんなんだ、こいつは！　ダダイスト、辻潤である。はたらかないで、たらふく食べたい。

それからすぐに、野枝はことのあらましを手紙にかいて、大杉におくった。手紙をもらった大杉は、野枝が谷中村に関心をもったことをうれしくおもった。そして、なんでオレに手紙がきたんだろうと不思議におもった。ついつい、こうおもってしまう。あれ、オレのこと好きなんじゃないのか。むろん、かんちがいだ。でも、そうおもいはじめると、男というのはダメなもので、気づいたらこっちが相手をおもってしまっていたりする。大杉はもう野枝に夢中だ。くどきたい。それからちょっかいをだそうとするが、なかなかうまくはいかない。いちどなどは二人であいたくて、『青鞜』の印刷所でまちぶせをしていたこともあったのだが、までども、までども、野枝がこなくて風邪をひいてしまった。アホだ、恋である。

その憂《う》さをはらすかのように、大杉は、その年の秋ごろ、自分がやっていたフランス文学研究会の教え子に手をだしてしまった。当時、『東京日日新聞』ではたらいていた神近市子《かみちかいちこ》である。もともと大杉には、堀保子《やすこ》という内縁の奥さんがいたので、この時点で、すでに三角関係だ。保子は、社会主義者の同志、堺利彦《さかいとしひこ》の義妹で、しかもわかかりしころ、警官とケンカしては逮捕されていた大杉をささえつづけてくれたひとでもある。だから、大杉が保子をうらぎったことを、こころよくおもわない同志は、むちゃくちゃおおかった。でも、大杉はそんなの、しらんぷりだ。オレはなんにもわるいことしてないぞ、オレはただセックスがしたいんだと。大杉の持論である。恋愛は自由だ。

急転直下、自分で自分の心がわからぬ！

おなじころ、野枝のほうも私生活は荒れていた。一九一五年五月、どうも辻の様子がおかしいので問いただしてみると、浮気をしたのだという。相手はだれだときくと、野枝のいとこ、きみちゃんだという。かつて、野枝が末松家をとびだしたときかくまってくれたおばさん、坂口モトの娘である。歳は一つ下で、ちいさいころ野枝の実家であずかったこともあって、二人は姉妹同然の仲であった。そのきみちゃんと関係をもったというのである。あまりのショックになにもいえなかった。辻に幻滅してしまう。マジかよ、あまりのショックになにもいえないので、とりあえず文章にして公表することにした。辻が、わたしのいとこに手をだしましたと。こわい、こわい。

どうしたものか。あまりに辻がゆるしてくれというので、しかたがないからゆるすことにした。ちょうど、二人目の子どもを身ごもっていたということもあるのだろう。いっしょに生活はするが、しかしもう気持ちはない。なにかをとりつくろうかのように、七月二〇日、婚姻届をだした。まあ結婚というのは、そのくらいのものでしかないのだろう。それからすぐ、野枝は出産のために地元の今宿《いまじゅく》に帰省《きせい》した。こういうところは、ほんとうに野枝のすごいところだとおもうのだが、野枝と親戚の関係は、末松家との一件で、かんぜんにぶっこわれていたはずである。でも、野枝はそういうのを気にしない。図太く、たよれるものはなんでもたよる。孫がうまれるというときに、たすけてくれない親なんていないだろう。そうおもいこんで実家にあがりこみ、なんの遠慮もせずに、親をたよって援助をうける。カネのこともそうだ。あれだけ迷惑をかけておきながら、こまったときはいつもおじさんの代準介にもらいにいった。たぶん、これはいま現在にもいえることだとおもうのだが、それでいいのだし、そうすることで、ひとの生きかたはずっと楽になるのだとおもう。一一月四日、野枝はぶじ次男の流二《りゅうじ》を出産している。

一九一五年一二月、野枝は東京にもどる。それをしった大杉は、もう気持ちがおさえられなくなってくる。翌年一月一五日、大杉はちょうど野枝と「廃娼論争」をくりひろげていた青山菊栄をつれて家をたずねた。じつは、菊栄は大杉がやっていたフランス文学研究会の教え子だったので、大杉がいちど直接あってはなしたらいいよといって、つれていったのであった。菊栄からすれば、議論でケンカをふっかけた相手との初対面であったから緊張したことだろう。しかも、いくら菊栄が論争のはなしをしようとしても、野枝は「わたし専門家じゃないんで」といって、なにもはなそうとはしてくれなかった。おとなげない。そして、ほんとうはつれていった大杉がうまい具合に仲裁役をつとめればいいものだが、あまりそういうことはしなかった。というよりも、どうでもよかったのだろう。あらためて野枝をみたら、どんどん気持ちがたかぶってくる。好きだ!!!

それから大杉は、足しげく野枝を訪問するようになった。もちろん、辻の目もあるし、なかなかうまくはクドけない。どうしたらいいかわからないが、気持ちがおさえられない。まいった。このときの大杉の様子は、あきらかにおかしかったらしい。いっしょに住んでいた保子によれば、大杉があまりに挙動不審《きょどうふしん》なのであやしいとおもい、毎日、大杉を尾行している刑事に、あいつなにをやっているんだときいてみた。すると刑事は、大杉が野枝のもとにかよっているとおしえてくれた。大杉さん、野枝にぞっこんですよと。いつの世でも、刑事はブタだ。それをきいて保子はキレてしまい、泣きながら大杉を問いつめた。おまえはなにをやっているんだ、相手には旦那も子どももいるんだぞ、そんなにその小娘が好きなのかと。そういわれて、大杉もテンパってしまう。ううっといって、あたまをかかえながら、こうさけんだという。「急転直下、自分で自分の心がわからぬ！」そういうとひとり紙と筆をとり、なにかを書きなぐっていた。保子がなんだろうとおもい、おそるおそるのぞいてみると、紙には「厚《こう》顔無恥《がんむち》、厚顔無恥、厚顔無恥、厚顔無恥」と、ひたすらおなじ文字が書かれていたという。どんまい。

一九一六年二月上旬、ついに大杉は野枝を外につれだすことに成功した。日比谷公園で、デートをする。ここぞとばかりに、強引にキスをした。野枝もまんざらではなさそうだ。やったぜ、うまくいった。大杉は大はしゃぎだ。うれしすぎて、いろんなひとにはなしてしまう。どうもねんごろになっていた市子の家に泊まったときも、そのはなしをしたらしい。オレ、野枝さんとキスをしたよと。そのときは市子もはなしをあわせて、「あら、よかったわね」といってくれたらしく、大杉も上機嫌で「おうよ」みたいなことをいっていた。でも、ひとの心というのはむずかしいもので、数日後、市子から大杉のもとに手紙がとどいた。絶縁状だ。大杉がおどろいて家をたずねると「だました！　だました！」とさけばれ、「わたしあなたを殺すことにきめましたから」といわれたという。なんでだ？　大杉には、意味がわからなかった。

じつのところ、大杉は、もともと文章で自由恋愛をやろうと主張していて、ひとがだれとどんなかたちでつきあおうとひとの勝手だ、カップルじゃなきゃいけないとか、一夫一婦制じゃなきゃいけないとか、そういう発想のほうがおかしいんだと公然と主張していた。世間では、「自由恋愛」というと、親に決められた相手とではなくて、好きな相手と交際して結婚をするという意味でもちいられているが、大杉の場合、そういうことじゃない。結婚とか、カップルとかいう枠組みそのものをとっぱらってしまって、真の意味で自由に恋愛しようといっていたのである。大杉は、市子ともそういうはなしをしていて、かの女もなっとくしていたので、なにをいまさらとおもったことだったろう。むろん、ひとの色恋がそんなにうまくいくわけもないし、それもわかっていたはずなのだが。

約束なんてまもれない、結婚も自由恋愛もしったことか

さて、一九一六年二月下旬、野枝は、大杉が原稿執筆のために滞在していた麴町《こうじまち》の第一福四萬館《ふくしま》をたずねた。ほんとうは三角関係とか、四角関係とかめんどうくさいから、このまえのキスはなかったことにしてほしいといいにいったらしい。すると、ちょうど運がわるいことに、その件ではなしをしにきた神近市子と大杉がいっしょにいるところにでくわしてしまった。やばい、どうしたものか。とりあえず、第三者もいれてということで、大杉と神近の共通の友人である宮嶋資夫《みやじますけお》の家にいき、みんなではなしあいをすることになった。おまえなにをやっているんだと問いつめられると、大杉は、オレは自由恋愛の実験をしているんだといい、そしてかの有名な自由恋愛の三条件をもちだした。

一　おたがいに経済上独立すること
二　同棲しないで別居の生活を送ること
三　おたがいの自由(性的すらも)を尊重すること

これが自由恋愛のルールなんだぜといわんばかりだ。たしかに、三人、四人でつきあっていくとしたら、これなんだろうとおもう。でも、なんかあたまのなかだけでできあがってしまっているというか、上から目線でいやなかんじだ。この大杉の提案に、野枝と市子はいちおうハイとこたえた。市子は本気でまもろうとする。野枝はかんぜんにドン引きだ。ひとにさんざん恋愛は自由だとかいっておいてけっきょく約束事ですか、契約ですかと。結婚というものが、これこれこういう男／女の、夫／妻の役割をまもりましょうという契約みたいなものだとしたら、それがちょっとゆるくなっただけのことである。いちどきまったら、あれやっちゃいけない、これやっちゃいけないと、しちめんどくさいことばかりいわれてしまう。それがたがいのメリットになるのだからと。なにが自由だ、不自由ばかりだ。欲深さゆえのがんじがらめのとうせんぼ。ひとがひとを好きになる気持ちがだいなしだ。くちおしい。大杉のクソ野郎！

とはいえ、大杉はいったことを実行にうつしていく。三月九日、もともといっしょに住んでいた保子と別居し、第一福四萬館に住むことにした。野枝はまよった。正直、辻にたいする気持ちはもうない。でも、大杉にたいしても、だいじょうぶなのかという不安と、ちょっとムカつく気持ちがのこっている。どうしようか。四月上旬、とりあえず、辻にこの間、おこっていたことをはなすことにした。でも、大杉とキスをしたことをはなしたとたん、辻はもう大激怒だ。「キスだけかわかるもんか！」とおおきな声でさけぶと、野枝をぶんなぐり、バシバシと蹴りはじめた。その日、野枝の家にやってきたひとによると、野枝の左目のふちがムラサキ色にはれあがっていたという。DVだ。

これで、野枝の心はかんぜんにきまった。なにかに吸いよせられるように、数日間たてつづけに、大杉のもとにかよった。毎日、深夜に帰宅したという。セックスでもしていたのだろう。大杉は、野枝の身をあんじて、このままここにいてもいいよといったが、野枝はことわった。とにかく、いちど一人になりたいんだと。近所の友人、野上弥生子にもおなじようなことをいっていたらしい。弥生子の回想によれば、このとき野枝は「辻とわかれて、ひとりでゆっくり勉強でもするわ」といっていたという。弥生子も「そのほうがいい」といい、さらに「大杉さんは、やばいからやめたほうがいいわ」とアドバイスをした。まちがっていないかもしれないが、余計なおせわだ。野枝はとくに反論もせずに「ありがとう」といって、その場をたちさった。

四月二五日、野枝はまだ乳飲み子《ちのご》であった流二をつれて、辻の家をでた。朝、家をでるとき、辻が「元気でな」と声をかけると、野枝は半泣きになりながら「うん」といったそうだ。それから数日、神田の旅館に泊まり、二九日に千葉の御宿に旅立った。御宿は、かつてらいてうと奥村が滞在していたところである。皮肉なもので、まえはらいてうが御宿から帰ってこなくて、野枝が『青鞜』の編集権をうばいとったのだが、こんどは野枝が恋愛でいろいろあって御宿にいき、そのまま『青鞜』も休止状態、つぶすことになってしまった。まあ、人間そんなものだ。とにもかくにも、御宿、上野屋旅館というところにいって、七月まで滞在することになった。その間、どうしていたのかというと、大杉が三度ほど遊びにきていて、おたがい、めちゃくちゃに愛欲をむさぼっていたようだ。ちょっと読んでいてはずかしくもなるが、二人の手紙のやりとりがあるのでみてみよう。

逢いたい。行きたい。僕の、この燃えるような熱情を、あなたに浴《あび》せかけたい。そしてまた、あなたの熱情の中にも溶けてみたい。僕はもう、本当に、あなたに占領されてしまったのだ。(34)

（伊藤野枝宛・一九一六年五月一日）

もう一つすまなかったのは、ゆうべとけさ。病気のからだをね。あんなことをしていじめて。あとでまた、からだに障《さわ》らなければいいがと心配している。

けれども本当にうれしかった。本千葉で眼をさまして、おめざめにあの手紙を出して読んで、それからは、たのしかった三日間のいろいろな追想の中に、夢のように両国に着いた。今でもまだその快い夢のような気持《きもち》が続いている。(35)

(伊藤野枝宛・一九一六年五月六日)

大杉からこんな手紙があったかとおもえば、野枝はこんなかんじだ。

こうしてじっと目をつぶりますと、あなたの熱い息が吹きかかっているように感じます。あしたはあなたのお声が聞けると思いますと、本当にうれしくて胸がドキドキします。(36)

(大杉栄宛・一九一六年五月三日)

今もう一時近くですが、頭が妙にさえて眠れないので、少し書こうと思いましたけれど、あなたの事ばかりが思われて仕方がないのです。今頃はいい気持《きもち》に眠っていらっしゃるでしょうね。私がこうやってあなたの事を思っているのも知らないで。憎《に》くらしい人(37)！

(大杉栄宛・一九一六年五月九日)

いいかげんにしろ、というくらいアツアツだ。たのしかったのだろう。まあ、そうはいっても、ただたのしいだけではいられない。このころ、さっそく野枝が辻とわかれたことがもれつたわって、『萬朝報《よろずちょうほう》』や『都新聞』などで報じられた。スキャンダルである。野枝と大杉に逆風がふいた。こいつらは不道徳だといわれて、だんだんと仕事からもほされていく。大杉は新潮社から絶縁状がとどいたり、本をだしても狙い撃ちで発禁処分をうけたりする。野枝は、大杉から紹介されて『大阪毎日新聞』に原稿を書こうとしていたが、けっきょくこれもことわられてしまった。仕事がない、カネがない、どうしよう。宿代もなくなってしまった。このままでは、赤ちゃんを死なせてしまう。

六月中旬、野枝がこまっていると、みるにみかねた宿のひとが、千葉に住む若松さんというひとを紹介するので、里子にだしたらどうですかとすすめてくれた。ううっ、野枝はまよった。なにせ、おさないころ自分が他人の家にくれられていやなおもいをし、わたしはぜったいにそんなことはしないと、母親に啖呵《たんか》をきっていたくらいである。でも、でも、このままでは……。野枝は、泣く泣く流二を里子にだすことにきめた。捨てたのだ、わが子を。ちきしょう、ちきしょう、どうしようもない。でも、ここからの野枝はほんとうにつよい。こうなったらもうなんだってやってやる。もう、なにもうしなうものなんてないのだから。野枝の体がだんだん軽くなる。いくぜ、大杉。野枝は、速攻で大杉の下宿先にころがりこんだ。だいたい、自由恋愛にルールだのなんだのといって、経済的自立や別居をもとめていたことのほうがおかしいのである。恋愛は自由だ。好きなときに、好きなだけ愛欲をむさぼればいい。約束なんてまもれない、結婚も自由恋愛もしったことか。野枝の自由度がどんどん増していく。そうだ、かましたれ。

カネがなければもらえばいい、あきらめるな!

一九一六年七月、野枝は大杉のもとにいったが、やっぱりカネがなさすぎる。うん、こまったときは代のおじさんだ。七月一三日、野枝は、おじさんが大阪の上福島《かみふくしま》に住んでいたので、たずねることにした。あうなり、野枝はこうきりだした。カネ、カネ、カネ、カネをください。お願いをした。とうぜん、叱責《しっせき》だ。むちゃくちゃ怒られた。じつは代のおじさん、いいひとで、辻との仲はもうゆるしてくれていて、おカネの援助もしてくれていた。でも、大杉についてはそうはいかない。すでにメディアで、不道徳だのなんだのとたたかれている人物である。そんな奴にかわいい姪《めい》っ子をやるわけにはいかない。おまえはダマされているんだ、こんどこそアメリカにいかせてやるから、それだったらカネはだすから、たのむから大杉だけはやめてくれと。むろん、野枝はきかない。

おばさんのキチがかばってくれようとして、大杉はどんなひとなんだいとたずねてくる。野枝がどう説明しようかとまよっていると、荷物にあった大杉の著作『生の闘争』を手にとってしまった。おばさんが本をひらいてみると、堺利彦が「序」のなかで、大杉は幸徳秋水の後継者だとかいている。当時の人たちからすれば、幸徳は、天皇を暗殺しようとして処刑された大逆人である。おばさんは仰天して、「後生《ごしょう》だからやめておくれ」とさけびはじめた。ちっ、めんどうくさいな。野枝は、げんなりしてしまって、大杉につぎのような手紙をだした。

野枝公もうすっかりしょげているの。だって来ると早くからいじめられているんだもの、可哀《かわい》そうじゃない？　でもね、随分おとなしいのよ。けれど、もう大阪なんか本当にいやになっちゃった。野枝公もう帰《か》えりたくなったの。もう帰えってもいい？　まだ早い？　だけど、こんなじゃいいやだわ。叔母なんて、あなたとの手紙のやりとりだって、あんまりしちゃいけないなんていい出すんですもの。(38)

（大杉栄宛・一九一六年七月一五日）

いやはや、こんな手紙をもらったら男はもうダメである。大杉は、カネなんていいからすぐにもどってこいと返事をだした。野枝はすぐにもどってくるが、そうはいってもやっぱりカネがなくてどうにもならない。八月下旬、もういちど代のおじさんをたずねるが、カネはくれない。だが、野枝があんまり懇願《こんがん》するので、おじさんはオレが尊敬する頭山満先生をたずねてこい、先生がくれるというならもらえばいいという。おじさんからすれば、右翼のボスとあわせ、大杉とかアナキズムとは縁をきらせたかったのだろう。よっしゃ、ど根性。野枝はそのあしで九州にむかい、頭山宅を訪問した。必死でたのむ。カネをください。とうぜんくれない。でも、頭山は、オレはあまりカネをもっていないけれど、東京にいる杉山茂丸《しげまる》だったらくれるかもしれないとおしえてくれた。紹介文をかいてもらってたずねることにした。杉山は、右翼のなかでも政治家にヤミ献金をしたりすることで、政界につよいパイプをもっていたひとである。マジでわるいひとだ。ちなみに余談であるが、小説家、夢野久作《ゆめのきゅうさく》のお父さんでもある。

東京にもどってくると、野枝はさっそく杉山をたずねた。しかし、杉山は「いやあ、大杉くんがこなきゃあげられないな」とかいってくる。なめやがって。野枝が大杉にそれをつたえると、大杉は「ああ、いいよ」といって、杉山のところへたずねていった。でも、いってみたら、杉山は大杉にアナキズムを捨てろとかいってくる。国家社会主義くらいにしてくれたら、カネをだせるんだけどと。アナキズムというのは、いかなる支配もみとめないという立場なので、そもそも国家がみとめられない。国家というのは、ひとがひとを支配するためにつくられたものなのだから。むろん、杉山はそういうのをぜんぶしったうえで、いやがらせをしているのである。とうぜん、大杉からしたら拒否するまでだ。無条件でカネをくれないならば、帰るだけ。不毛な訪問であった。でも、なんか会話のなかで、杉山が「いやあ後藤がいうにはね、後藤がいうにはね」といっていたことだけは、耳にのこった。政界の大物、後藤新平のことだ。これがのちに役にたつ。

その後、九月八日から、野枝は大杉と同居した。しかし大杉もほんとうにカネがなくて、滞在先の第一福四萬館をおいだされてしまった。知人の紹介で、本郷《ほんごう》の菊富士ホテルに宿をうつすことになった。菊富士ホテルは、けっこうな高級ホテルだが、原稿料や翻訳料がはいったらまとめて支払いをするということで泊めてもらっていたようだ。とはいえ、食事代にも事欠くありさまで、二人は毎日、食パンと水で腹をみたしていた。まあ、野枝は、大杉以上に貧乏になれていたので、ぜんぜん平気であった。

いちど青山菊栄が二人をたずねたことがあるらしいのだが、そのときは二人ともむちゃくちゃたのしそうにしていたということだ。しかし、そうこうしながらも、大杉はなんとかこの状況を脱しなくてはいけない、カネをつくらなくてはいけないと考えていた。うん、後藤か。

一〇月三〇日、大杉はひとり官邸をおとずれた。当時、内務大臣であった後藤新平に面談をもうしこむ。おどろくことにうけてくれた。応接間にとおされて、後藤がやってくる。「なんの用ですか」ときいてくるので、率直に「あんたら内務省のせいで、オレの本が発禁になっている、カネがない、だからあんたにカネをもらいにきたんだ」といってみた。あまりのことに、後藤がポカンとしている。筋がとおっているのかいないのか、それすらもよくわからない。でも、そこはさすが後藤である。懐がふかい。こういうことをいってくる輩《やから》がきらいじゃないというか、端的におもしろいとおもったのだろう。「いくらほしい」ときいてくる。あれ、いいのか？　大杉が「三、四百円」というと、ほんとうにくれた。いまでいうと、一〇〇万円くらいの金額である。わーい、やったぜ。はぶりがよくなると、大杉はカネをじゃんじゃんつかう。とりあえず、保子に五〇円あげて、野枝には三〇円かけて着物と羽織を質からうけださせてあげた。なせばなる。大正時代からの教訓だ。カネがなければもらえばいい、あきらめるな！

オバケのはなし――葉山日蔭茶屋事件

なんか大杉のはぶりがよくて、野枝がいい着物をきている。仲間うちでヘンなうわさがながれた。大杉が、神近市子からカネをまきあげて、ぜいたくをしている。ほんとうのところ、大杉は市子から資金援助をうけていたが、そこまでではない。でも、こういううわさというのはおそろしいもので、まことしやかに大杉が野枝にたぶらかされて、骨抜きにされているとかたられていた。この時期、社会主義の運動もうまくいっていなかったこともあり、その怒りの矛先《ほこさき》が野枝にむけられたのである。一一月二日、『近代思想』からの仲間であった五十里幸太郎《いそりこうたろう》が、ホテルをたずねてきた。あがりこむなり、五十里は野枝の顔をぶんなぐった。ええっ、大杉がびっくりしていると、なぐられて憤慨《ふんがい》した野枝が、「うおお!!!」といいながら、五十里にタックルをしかけている。とっくみあいになり、五十里をおしたおすと、マウントポジションをとって、そのままバシバシとぶんなぐった。野枝の圧勝だ。五十里は、泣きながら帰っていった。大杉は、まだ怒りのおさまらない野枝を「まあまあ」といって、いなしていたようだ。

やばい、このままじゃ落ちついて原稿もかけやしない。大杉は、いきつけの葉山日《はやまひ》蔭茶屋《かげぢゃや》(現在は日影茶屋)にこもって、原稿をかくことにきめた。すると、野枝もいっしょにいきたいという。ありゃりゃ。どうも、葉山にちかい茅ヶ崎《ちがさき》に、らいてうが住んでいることがわかったので、ご挨拶がてらよって、せっかくだから日蔭茶屋にも数日泊まっていきたいというのである。野枝からしたらそりゃそうで、らいてうから『青鞜』をひきついだのに、一九一六年二月にだしたきり、かんぜんに休止状態。というより、つぶした格好になってしまっていたので、ちょっとははなさなければとおもったのだろう。もしかしたら、いろいろと弱音もはきたかったのかもしれない。そんなわけで、一一月六日、二人は茅ヶ崎のらいてう宅にむかって出発した。

しかしたずねてみると、らいてうは簡単な世間話にしかおうじない。終始、戦闘モードであったのだ。いやみのように、捨てた子どもについてきいてくる。このやろう。どうもらいてうは、野枝の見た目もいけすかなくなったようで、髪をゆっておしゃれをしてきた野枝をみて、昔みたいな野性味がなくなってしまった、しかもぜんぜん似あっていなくて、お茶屋の女中みたいだったと回想している。なんだか、らいてうらしい性格のわるいいいかたである。まあ、そんなこんなで、いろいろといわれて、野枝はしょんぼりしながら、らいてう宅をあとにした。泣きじゃくる野枝を、大杉がなんどもなんどもなぐさめた。かわいそうに。

　その日の夕方、葉山の日蔭茶屋に到着する。二階の一番奥の部屋にとおされる。二人でゆっくりとすごした。翌日、野枝と大杉は、女中のお源さんをさそって、海で舟遊びをたのしんだ。いやあ、まったりするのっていいね。夕方、もどってきて風呂にはいり、ご飯をまっていると、スッと部屋のふすまがひらいた。みると神近だ、神近市子がそこにいた。マジかよ。そのあたり、市子の回想が生々しいので、引用しておこう。


「お客さまでございます」

と女中さんは声をかけて、私の前から身を退《ひ》いた。大杉氏が私を見たときの当惑《とうわく》顔で、女中さんはハッとしたようだった。そして消えるようにいそいで廊下を帰っていった。

　大杉氏は湯上《ゆあが》りの浴衣《ゆかた》姿で、タバコをふかしながらチャブ台の前に坐《すわ》っていた。野枝女史も風呂からあがったばかりのようすで、肌ぬぎになって鏡台の前で化粧をしていた。チラと私のほうを見るなり、露骨《ろこつ》にいやな顔をして肩を入れたきり、無言で化粧をつづけた。気まずい空気だった。(39)

正直、ぜったいにでくわしたくない事態だ。市子が、すさまじい目つきで野枝をにらむ。大杉は、それがオバケみたいだったといっている。オバケはこわい。もともと、大杉は日蔭茶屋には野枝ではなく、市子をつれていくと約束していたらしい。でも、野枝がらいてうを訪問したいというので、いっしょにつれてくることになってしまった。むろん、市子からしたら、そんなのいいわけにしかきこえない。市子は友人から、大杉が野枝をつれて葉山にでかけたときいて逆上し、短刀を懐にいれておいかけてきたのであった。しかも、後藤新平からカネをまきあげたことはしらないから、市子は資金援助をしていた自分のカネで、二人が旅行にきたとおもっている。こいつら、わたしをどれだけコケにすれば気がすむのだろう、おまえらマジで死ねよと。

とりあえず、三人で夕飯を食うことにした。野枝と市子は、なにもノドをとおらない。大杉だけ、こりゃうめえといいながらバクバクと食べていた。野枝は、あまりに気まずかったので、「わたし帰る」といって大急ぎで宿をでた。しかしテンパっていて、鎌倉までできてから、部屋のカギをもってきてしまったことに気がついた。しまった。宿に電話をかけて、大杉にとりにきてもらう。大杉がきてカギをわたしたが、もう夜もおそく終電もないので、野枝も日蔭茶屋にもどることにした。その日は三人でふとんをならべ、川の字になって寝ることにした。さすがに寝られたものは一人もいなかっただろう。地獄《じごく》だ、かんべんしてください。翌朝、野枝はそそくさと茶屋をあとにした。

そして、つぎの日の夜、惨劇がおこった。この日、大杉はせっかく野枝といい雰囲気だったのに市子に邪魔されて、とにかく不機嫌であった。だったらということで、市子も怒りをぶちまけた。「なんか野枝さんがいい着物をきていましたね」。それをいわれて、大杉はカンカンだ。「カネのことをどうこういうなら、きみとはもうこれきりだ」。そういって、カネを畳にたたきつけたという。なんだよそれ、カネで縁をきるとかいわれて、市子はもう情けないやらなんやらで、どうしようもない気持ちになってしまった。くやしい。この気持ちを払拭《ふっしょく》するためには、セックスしかない。そうおもって夜中、大杉のふとんにもぐりこんでみたが、大杉に「なにをやっているんです、あなたはもう他人ですよ」といわれて、拒絶されてしまった。(40) ああ、もうダメだ。ヤッチマエ。深夜三時、市子は刃渡り一五センチほどの短刀をにぎりしめ、大杉の喉元をつきさした。ギャー!!! 刃物はこわい。市子は障子《しょうじ》をあけ、「ゆるしてください」といいながら部屋からとびだしていった。大杉は「待てー！」とさけびながら、下の階までおいかけた。血みどろだ。大杉は喉をヒイヒイいわせながら、宿のひとに市子が自殺しないようにおいかけてくれとたのみこんだ。そして意識をうしない、逗子《ずし》の千葉病院にかつぎこまれた。市子は海に身をなげて死のうとおもっていたが、なかなか沈むことができず、浜辺にもどってきたところを警察に保護された。よかった。

吹けよあれよ、風よあらしよ

一一月九日早朝、しらせをうけた野枝は、すぐに病院にかけつけた。大杉はいっときやばかったが、夕方になってもちなおした。ひと安心。野枝は、そのまま看護にあたることにした。翌日、ちょっと買い物をすませてもどってくると、市子の友人である宮嶋資夫ら、男五人が病院のまえで待ち伏せしていた。野枝をみつけると、宮嶋はものすごい勢いで駆けよってきて、問答無用で、野枝の顔面をなぐりつけた。「おまえのせいで！　おまえのせいで！」そういいながら、野枝の髪をわしづかみにし、そのまま雨でぬかるんだ泥のなかに突きたおした。うずくまる野枝の腹を、男五人でバシバシと蹴りたおす。かんぜんにリンチである。あまりのひどさに、みるにみかねた警官が野枝を救いだし、大杉の病室につれていった。これはこれで不覚である。しかし宮嶋がすごいのは、血まみれになった野枝が、大杉の胸に顔をあてて泣いていると、そこにまたなぐりこんできて、野枝を蹴りとばしたことだ。大杉は意識こそもどっていたものの、まったくうごけない。殺すぞとおもいながら、宮嶋をにらみつづけた。

絶交だ、絶交である。

よく、この宮嶋の行為は、大杉周辺の社会主義者たちのおもいを代弁していたといわれている。一九一〇年、かれらは大逆事件で大弾圧をうけてから、やっとのおもいで運動をたてなおしてきた。工夫に工夫をかさね、弾圧をうけないギリギリのラインで、言論活動をつづけてきたのである。それなのに、これからというときに、こいつらは恋愛ごときで運動をこわしやがった。メディアはさんざんさわぎたてるだろう。これだから社会主義者は、これだからアナキストはと。こいつらは社会をよくしようとしているのではない、社会秩序を、公序良俗を、道徳をダメにしようとしているんだと。せっかく、社会主義は社会のためになるんだといって、その意義を説いてきたのに、大杉と野枝のせいでだいなしだ。みんなが悪評にさらされる。メイワクだ。

これにくわえてくやしいのは、この年の一二月、『中央公論』や『太陽』などで、大杉と野枝をバッシングするキャンペーンがはられたのだが、大杉周辺の社会主義者ばかりでなく、元青鞜社のメンバーもそれにのってしまったことだ。さんざん、スキャンダルでたたかれてきた団体なのだから、こういうときくらい仲間をまもってやれよとおもってしまうが、なかなかそうもいかない。たとえば、らいてうは自分たちがもとめてきたのは、性道徳の革新なんだといったうえで、それと不道徳であることとはちがうと述べている。

けれど現代のもっとも進歩した新道徳の立場から見ても、確《たし》かに不道徳ないしは無道徳である行為を、その上それが事実上大破綻《だいはたん》を来《きた》せるにかかわらず、なおも自ら深く反省しようともせず、却《かえっ》てそれこそ真実の新道徳であるかのごとく誇示し、強弁し、以《もっ》て自他を欺《あざむ》くならば、私もそういつまで黙して許《ばか》りはいられなくなります。(41)

らいてうにとって、真の恋愛とは、男女のカップルが自由にむすばれることであり、たがいに契《ちぎ》りをかわして永続的な共同生活をいとなむことであった。それをはばむような旧態依然とした家制度や道徳は批判するが、永続的な共同生活のための道徳はなくてはならなかった。だから、それすらもぶっこわしてしまうような大杉と野枝の恋愛は、らいてうにとって不道徳以外のなにものでもなかった。大杉と野枝は、だれがどんなかたちで何人とつきあおうと自由だといっていたのだから。らいてうにとって、それはただの淫乱《いんらん》にほかならない。わたしなどからすれば、身体的にも、精神的にも、一人二人をかこいこんで、リンチにかけることのほうがずっと不道徳だとおもうのだが、とにかく、一〇代のころから尊敬してきたらいてうにこんなふうにたたかれて、野枝はよほどショックだったにちがいない。

マスコミのバッシングは、なかなかやまない。不倫だの、愛人だの、クソだの、みそだのと、とにかくおもしろおかしくぶったたかれまくった。大杉と野枝の二人だけだったら、まだいい。二人とも覚悟のうえだったのだから。でも、被害は親戚にまでおよんでしまった。名古屋に住んでいた大杉の妹、秋が二人のスキャンダルをうけて、結婚を破談にされてしまい、失意のはてに自殺してしまったのである。大杉がずっとかわいがってきた妹だ。さすがにグッタリである。みんな、それみたことかと、大杉と野枝を責めたてまくるが、ほんとうのところそうじゃない。はっきりいって、さわぎたてたメディアと、そのキャンペーンにのってしまったまわりの連中がわるいのだ。公序良俗？　性道徳？　そんなものをまもるために、ひと一人の命がうばわれたのである。社会のためだったら、ひとは虫けらのようにあつかわれてもいいのだろうか。ゆるせることと、ゆるせないことがある。そして、ゆるしちゃいけないことがある。チキショウ、チキショウ。いつかみていろ。社会の番犬はかならず撃たれる。

さて、どうしたものか。とりあえず、大杉が退院すると、二人はしばらく菊富士ホテルにひきこもった。口をとざしたまま、ただひたすらセックスをくりかえす。まるで、世間の逆風をあざわらっているかのように。そういえば青鞜社時代に、野枝がのこした色紙というのがある。そこには、こんなふうにかかれていた。「吹けよあれよ、風よあらしよ」。不倫上等、淫乱好《よ》し。さわぐならさわげ、吠えるならほえろ。犬どもめ、公序良俗の番犬どもめ。二人の気持ちは、そんなところだったのだろう。らいてうやらなんやらが、いろいろとほざいているが、ほんとうのところ性道徳というものがあるならば、唯一の格言といえるのはこれだけだ。ひとのセックスを笑うな。まずは、このあたりまえの基礎事実からはじめよう。

第四章

ひとつになっても、ひとつになれないよ

魔子の誕生を祝って．
魔子を抱く野枝と，右は大杉．
後列右から，弟の伸，勇，進

逗子の家にて．大杉と魔子

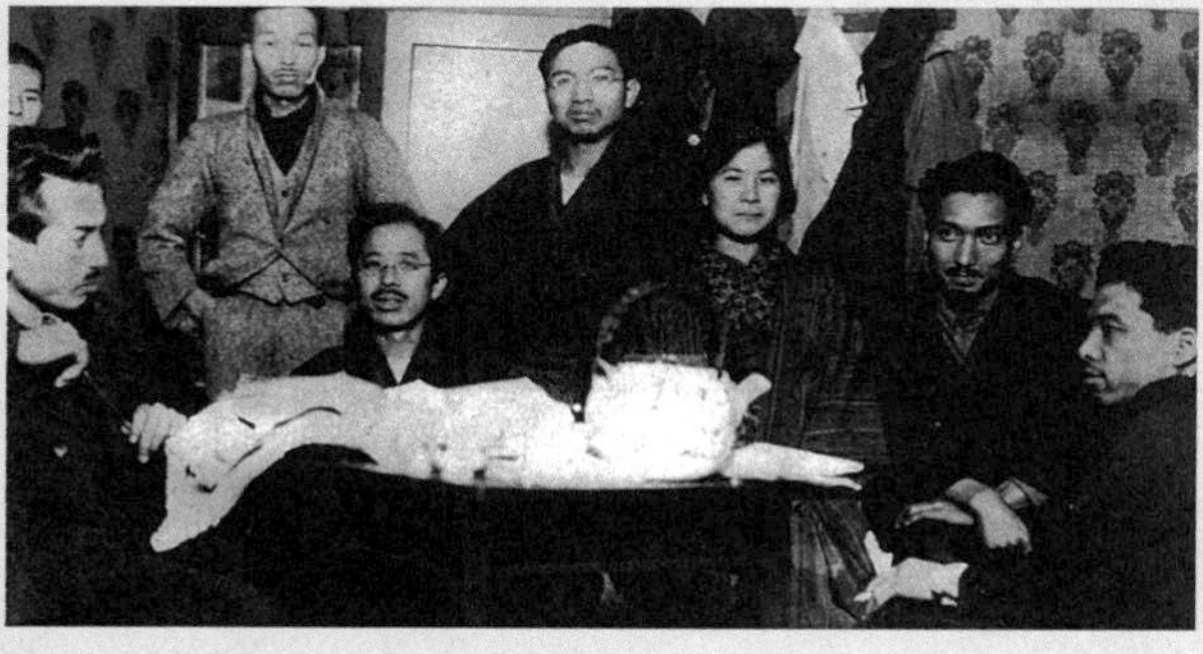

第二次『労働運動』編集会議にて．右から２番目より大杉と野枝

マッタケをください

一九一七年九月二五日、野枝は大杉とのあいだに長女を出産した。魔子《まこ》と名づける。世間から、おまえら道徳的におかしい、人間じゃない、悪魔だ、とさんざんたたかれていたので、じゃあそれでいいよということで、悪魔の魔をとって、魔子としたのである。いい名前だ。ほんとうは、ただ好きなひとと好きなようにセックスをしただけなのに、それで結婚のちぎりをやぶっただの、不倫だの、反社会的だの、非国民だのと、小うるさいことをいわれてしまう。おまえらけがらわしいんだよ、日本からでていけ、この社会からでていけと。だったら上等だ、国も社会もどうでもいい。そこから離脱して、別の生きかたをみいだしてやる。愛のはぐくみかたにいいもわるいもあるものか。結婚制度にも、その道徳にもしたがわない。ひらきなおっておもうぞんぶん生きてやれ。魔子という名前には、そういうふたりの決意がみてとれる。

じゃあ、さぞかし野枝のこころは怒りにみちていて、プリプリしていたのだろうとおもいきや、あんがいそうでもない。いつもどおり、飄々《ひょうひょう》としている。出産後、野枝の第一声はなんだったのだろうとみてみると、一〇月一日、大阪にすんでいた妹、ツタあての手紙であったことがわかる。

前略　おかわりはありませんか、
私も元気でいます故《ゆえ》ご安心ください。

先日二十五日に女児出産魔子《まこ》と名づけました。

そちらではもう松茸《まつたけ》が出ているようですが、こちらではまだ手に入りません。

少々でよろしいが送って貰《もら》えませんか、その代《かわ》りへは何なりとそちらでおのぞみのものを、こちらからもお送りします。(42)


さすが野枝だ。いい根性をしている。世間から悪評をたてられ、娘に魔子と名づけたとおもったら、つぎにでてくることばは、マツタケをくださいだ。よっぽどである。ハラが減っては、いくさはできん。食べたい、食べたい、マツタケ食べたい。ほんとうのところ、このころの野枝と大杉は、マツタケどころではなく、食うにもこまるほどのありさまであった。ふたりのどん底時代といってもいい。すでに、この年の三月には、カネがなくて菊富士ホテルをおいだされていて、その後、下宿先を転々とする。

ようやく落ちついたのは、七月五日、巣鴨《すがも》の家だ。ここで出産にむけて準備をする。でもカネがない、仕事もない、野枝のお腹だけがおおきくなってくる。どうしたものか。それまで友だちだとおもっていた連中は、だれもたすけてくれやしない。にっちもさっちもいきやしない。そうおもっていたら、ひとりだけ手をさしのべてくれるひとがいた。村木源次郎だ。

村木は、もともと幸徳秋水に心酔していたアナキストで、一九一〇年の大逆《たいぎゃく》事件のまえには、大杉といっしょにデモをやったり、暴動をあおったりして、警察にパクられたりしていた。その後、肺をわずらってしまい、あまりおもてだって活動はしていなかったのだが、大杉がピンチだとしってたすけにきてくれたのだ。巣鴨の家にいっしょにすみこみ、乳母《うば》と執事《しつじ》、そして警察や右翼の撃退までうけおってくれる。大助かりだ。このときから、大杉とは気があって、死ぬまで行動をともにすることになる。大杉の懐刀《ふところがたな》とでもいえばいいだろうか。まあ懐刀といっても、かっこいいものではなくて、ほんとうに懐にしかいなかったひとだ。村木は文章をかくわけでもなく、病身のため外であばれるわけでもなかったので、いつも家でゴロゴロしていた。あだ名は、ご隠居。でも、みょうに落ちついていて、いるだけでみんな安心する。しかも、なんでも相談にのって世話をしてくれるので、若いアナキストたちからは、いい兄貴分としてしたわれていた。

　その村木によれば、巣鴨時代の大杉と野枝は、もう貧乏でしかたがなかったという。ひとり女中さんがきていたのだが、米さえ買ってくれないので、たまらず逃げだしてしまったほどであった。じゃあ、なにを食っていたのかというと、イモだ、サツマイモである。三人の生活になってからは、妊婦である野枝にだけは、おかゆをだしてあげて、大杉と村木はずっと蒸《ふか》しイモをくらっていたようだ。うまい、うまい、ぜんぜんいけると。わたしも経験があるのだが、ほんとうにカネがないときはイモにかぎる。安くてお腹もいっぱいになるし、いざとなれば自分で植えて、自給自足もできなくはない。イモ、だいじ。とまあ、そんなありさまだったのだが、それでも野枝と大杉はらしさをたもっていた。

　ある日のこと、亡くなった社会主義者の同志、野沢重吉《じゅうきち》の奥さんが、生活にこまって家をたずねてきたことがあるらしい。このとき、大杉は奥さんに笑顔で応対しながら、村木にことづけをたのんだ。野枝の羽織を質にいれてきてくれと。いってみると、五円になった。やったぜ。村木は、多少、自分たちのためにとっておいて、米でも買うのだろうとおもっていたようだ。よっしゃ、白米だ、ひさびさの白米だ。そうおもって、ワクワクしながら大杉にカネをわたしたら、大杉は金額も確認せずに、そっくりそのまま奥さんにあげてしまった。マジかよ、村木はびっくりしてしまった。野枝も小言ひとついいやしない。似たもの夫婦というか、カネについてはふたりとも、あるときはあるでうんとつかい、ないときはないでなんとかする、目のまえにないひとがいれば、あるだけあげればいい、そうするのがあたりまえだとおもっていたのだろう。いい人たちだ。そりゃあ、このくらいはいわせてあげたい。マツタケをください。いいよ。

すごい、すごい、オレすごい

その年の一二月二九日、野枝と大杉は、亀戸《かめいど》の一軒家にひっこした。大杉が、いわゆる下町の労働者街にすんでみたいといったからだ。大杉は葉山日蔭茶屋《はやまひかげぢゃや》事件のまえから、労働運動にかかわりたいとおもっていて、その理論を紹介したり、勉強会をひらいたりしていた。大杉の考えかたというのは、基本的に「労働者の解放は労働者自身の手によるものでなければならない」というものであった。労働者が自分たちでものを考えて、自分たちでうごけるようにしなければならないと。だったら知識人ぶって、上から目線ではなしをしても意味がない。まずなによりも、労働者とおなじ目線にたたなくてはならないのではないだろうか。そうおもって、亀戸にやってきたのだ。

人民のなかへ。野枝も、かんぜんに同意してのことだろう。

ちょうど、第一次世界大戦を前後して、日本でも工業化がいっきにすすんでいた。都市の生活様式が、まるっきりかわってくる。工場ではたらく労働者が、これみよがしにひどい環境ではたらかされている。賃金はひくいし、労働時間もながい、衛生面もサイアクだ。それでいて、文句をいったり、病気になったりすれば、すぐにクビにされる、奴隷かよ。ひと昔まえだったら、田舎で自給自足でもするか、それでもたりなければ、ひとの畑を手伝って、野菜でももらってくればよかったし、小銭がほしければ、ちょっとした日雇い仕事でもすればよかったのに、いまじゃそれもできやしない。いちど都市でくらしはじめると、仕事がなければ生きていけない、そうおもいこまされる。そして、そういう恐怖をすりこまれたら、もう資本家のおもうがままだ。どんなにひどいことをいわれても、あらがうこともできやしない。おまえらあとさきを考えろよ、死にたくなければいうことをきけと。

大杉は、これじゃ奴隷制とおなじじゃないかといっている。資本家と労働者の関係は、主人と奴隷みたいなものなんだと。おまえら殺されたくなかったら、オレのいうことをきけ、はたらけといっているのだから。人間が生殺与奪《せいさつよだつ》の権をにぎられて、交換可能なモノになる。それが奴隷制というものであり、こんにちの労働力商品という発想の根幹にあるものだ。人間が家畜のように、モノのようにあつかわれる。つらい。しかもおそろしいのは、長年、そうやっていうことをきいていると、奴隷たちのほうから主人を崇拝するようになってしまうということだ。身をけずってはたらいたら、ご主人さまがよろこんでくれた、もっとご奉仕しよう、ああご主人さま、ありがとうございますと。大杉は、これを奴隷根性とよんでいる。労働者のはなしでいえば、いつもムチャクチャにはたらかされているはずなのに、ちょっとでも給料をあげてもらったら、とびあがってよろこんでしまう。いい会社だ、社長さまはわたしのことを考えてくれているとおもってしまうのだ。奴隷だ、クソだ、うそっぱち。

このころ、あまりに労働者の境遇《きょうぐう》がひどかったので、労働組合が続々とたちあがっていた。なかでも、いちばんおおきかったのが、一九一二年に結成された友愛会である。この組合は、有名大学をでた、いわゆる知識人が指導者になって、会社との交渉にのりだし、労働者の待遇《たいぐう》改善をはかってもらうということをやっていた。でも、これだと、けっきょく労働組合にはいった労働者たちは、指導者のみなさんありがとうございます、今後ともよろしくお願いいたしますになってしまう。いわれたことにしたがっていれば、もっとカネをもらえるようになる、もっとかせげるようになると。これでは、あたらしいご主人さまができただけのことだ。しかもカネをかせがなきゃ生きていけない、もっともらえるようにならなければいけないという発想自体も、会社とかわりがない。

でも、大杉はそれじゃダメなんだという。問題は、主人のいうことをきかなければ生きていけないとおもわされていることだ、カネ、カネ、カネと、カネをおいかけなければ生きていけないとおもわされていることそれ自体なんだと。なにがなんでも、その感覚をふっとばさなければならない。ストライキ。ストライキといっても、いま考えられているものとは、ちょっとちがう。ただ工場をとめるだけじゃない。基本姿勢は、野郎どもやっちまえ。ふだん、ご主人さまとかいわれてエラそうにしている連中を一発でいいからぶんなぐれ、それでもものたりなければ、そいつらが後生《ごしょう》大事にしている機械をぶち壊してしまえ、建物に火を放ったってかまわない。ケンカだ、ケンカ、あばれてしまえと。

目のまえで、資本家があわてふためいている。こいつら、ほんとうはたいしたことないぞ。もういうことなんてきく必要はない。あいつらより、オレのほうがすごいんだ。しかも、ひとりじゃやれないとおもっていたことが、同僚のひとり、ふたりと手をくんでみたら、あんがいやれる。あんなこともできた、こんなこともできた。気づいたら、これまで自分がおもってもいなかったような力を手にしている。オレはすごい、もっとすごいんだ、もっとやれる、もっとやれると。そして、いちどこの感覚をあじわった自分は、いままでの自分ではない。おなじ身体でも、あきらかにその力が成長している。もちろん、そんなストライキをうったら、たいていはクビになってしまうだろう。でもそれでもいい。資本家にたよったり、カネをかせいだりしなければ、生きていけないという感覚をふっとばす。自分のことは自分でやる、やれる。それを行動にしめすことがだいじなのである。

大杉はいう。ひとたびこの感覚をとりもどせば、ひとの生きかたはもっともっと自由になるんだと。カネもうけにつながらなくたっていい、だれからも評価されなくたっていい。つくりたいものがあればつくり、かきたいことがあればかき、うたいたいことがあればうたう。だれがどこで、どんなことをやったって、ぜんぶひとの自由だ。ひとの生きかたに、これという尺度なんてありはしない。だから、あとさきなんて考えずに、おもいきり自分の生きる力をあばれさせてしまえばいい。失敗なんてありはしない、自分の力のたかまりを自分でかみしめるだけなのだから。すごい、すごい、オレすごい。自分の生きる力をじゃんじゃんひろげ、そこに充実をおぼえていく。大杉は、それを生の拡充とよび、ひとが生きるうえで、いちばん大切なことなんだといっている。

亀戸の新生活——ようこそ、わが家へ

さて、亀戸の新生活だ。大杉は労働運動でやる気まんまんである。一九一八年一月一日付で『文明批評』を創刊。編集および発行人を大杉、印刷人を野枝として、ふたりで再出発した。でも、ふたりで雑誌をやりくりするのはむずかしい。一月二日、大杉がどこのだれともしらぬゴロツキをふたりつれてきた。和田久太郎《きゅうたろう》と久板卯之助《ひさいたうのすけ》である。これからいっしょに家にすんでもらって、編集作業を手伝ってもらうのだという。野枝からしたら、なにも反対する理由はない。すでに村木も同居しているし、家事手伝いがひとりふたり増えたとおもえばいいだけだ。ようこそ、わが家へ。

和田は、いつもヘラヘラしているというのが特徴で、友人にはとても愛嬌《あいきょう》があり、逆に、ムカつくやつにはとことんひとを食ったような態度をとる。テンションがあがって行動するときにはとことんうごき、でも好きな娘ができたり、めんどうくさくなったりすると、とつぜんゆくえをくらませて、遊びにいってしまったりする。怒られてもぜんぜんへっちゃら。いつものように、ヘラヘラしながらあたまをかく。そういうズボラなところがあったので、みんなからは「ズボ久」とよばれたりしていた。愛称だ。

久板は、大杉よりもちょっと年上、同志社出身のキリスト教徒でもある。清廉潔白《せいれんけっぱく》というのが特徴で、まわりのアナキストは、カネさえあれば、よろこびいさんで遊廓《ゆうかく》にでかけていくのだが、久板はちがった。むしろ、オレには性欲がないんだといわんばかりの潔癖《けっぺき》さで、生涯童貞《どうてい》をたもった。とにかく、キリスト教の精神も徹すれば、カネも名誉も権力もいりはしない、国家も資本もクソくらえ。そんなこんなでアナキスト。愛称は「キリスト」だ。写真をみるとわかるのだが、ちょっと顔もキリストっぽい。いいひとそうだ。

ちなみに、このふたり、貧乏生活にはなれきっていて、野枝や大杉どころではなかった。ふたりがやってきた初日の様子を、大杉がおもしろおかしく回想しているので、ちょっと引用しておこう。

「布団のようなものがちっともないようですが。」

二人の荷物を見て伊藤がそっと僕にいった。実際その荷物といってはただ少し大きな風呂敷包み一つだけだった。(43)

「ないはずはないんだが……」

それで、大杉がフトンはあるのかいときくと、久板がありますよといって、ふろしきから一枚だけフトンをとりだしたという。えぇ!? 一月のおわりといえば、日本でいちばんさむい時期である。マジかよ、これで、ふたりでどうすんの。大杉がおどろいた顔をしていると、久板はさらに説明をつづけた。

「いや、この布団は和田君のです。和田君はこれで海苔《のり》巻きのようになって寝るんです。」

久板はその癖の「いや」というのを冒頭にして笑いながら説明しだした。

「じゃ、君の布団は何《な》んにもないじゃないか。」

「いや、あるんです。」

久板はこういいながら薄い座布団を三枚取出《とりだ》した。

「これが僕の敷布団《しきぶとん》なんです。そして上には、これやあれや……」

といいながら、その着ている洋服とたった一枚のどてらとを指さして、

「僕の着物の全部を掛けるんです。これが僕の新発見なんです。」

久板と和田はまじめな顔をして笑っていた。僕と伊藤とは少々あきれてしばらく黙っていた。(44)

もはやなにが貧乏かわからない。ふたりは、野枝と大杉の貧乏生活なんて、なにも気にならなかったことだろう。そんなこんなで、村木もふくめた共同生活がはじまった。とうぜん、野枝も文章をかくから、そのあいだ魔子のめんどうや掃除、洗濯は、大杉と村木がやる。じっさい、大杉が外で魔子と遊んだり、おしめを洗濯しているすがたは、いろんな同志に目撃されている。まあ、これにはちょっと理由があって、大杉がふつうに家事をやるひとだったというのもあるのだが、とにかく野枝がおしめを洗わないひとだった。めんどうくさいからだ。だいたい、魔子がおしっこをしたら、外にでてギュッとしぼって、そのまま干してしまう。それが乾いたら、そのままつかっていたようだ。でも、それじゃあ、ちょっと臭くてかなわない。なにより、魔子がかわいそうだ。ということで、大杉や村木が洗っていたんじゃないかとおもわれる。

じゃあ、野枝が家事をやらなかったのかというと、そんなことはない。基本的に、食事は野枝がつくっていたようだ。てきぱきしていて、超はやい。そして、むちゃくちゃうまかったようだ。大杉は、野枝のことをこんなふうにかいている。

ずいぶん無精者《ぶしょうもの》のなまけ者なんだが、いざ包丁を持つとなると、うるさいとか面倒くさいとかいうことはまるで知らない人間のようになる。よっぽど食い意地が突っ張ってるんだね。せっせとやる。お手際もなかなか見事なものだ。実際あいつの手料理に馴れてからは、下手な料理屋のご馳走はとてもまずくて口にはいらない。何《な》に？　それや僕の直観のせいだろうってのか。それもちっとやそっとはいってるだろう。しかし実際うまいんだ。家庭料理なんぞという野暮《やぼ》なものじゃないんだ。(45)

食い意地がはっているというのは、さきほどのマツタケのくだりでもわかるんじゃないかとおもう。でも、そればかりじゃない、とにかく料理がうまかったのだという。へたな料理屋よりもよっぽどうまい。じつはこれ、大杉がいっているだけじゃなくて、いっしょにすんでいた和田も、このあと居候《いそうろう》することになる近藤憲二《けんじ》も、おなじことをいっている。たまに野枝が留守にしていると、みんな飯がまずくてぐったりしているのだが、野枝が帰ってくると、わーいといって、バシバシと食いまくっていたという。かつて青鞜《せいとう》時代、らいてうのためをおもって、いっしょけんめいご飯をつくったら、シチューぶっかけご飯とか、きもちわるいんだよとかいわれていたのに、えらいちがいだ。貧乏なアナキストのごろつきたちには、野枝のつくるご飯は、料亭のごちそうのようにみえたのだろう。そうだ、野枝のご飯はとってもおいしい。

イヤなものはイヤなのだ

でも、そんな野枝であったが、どうしても労働者街にはなじめなかった。なかなか近所の井戸端《いどばた》会議にはいれない。大杉だったら、たらいをもって、おばちゃんたちのなかにはいっていって、わいわいおしゃべりをしながら水をくんで、その場で洗濯でもしたかもしれないが、野枝はできない。ひとりたらいに水をいれて、自分のところの庭で洗濯をした。また、大杉にいいものだよといわれて、魔子をつれて銭湯にいったことがあるらしい。近所の女工たちがたくさんやってくる。でも、やっぱりここでも浮いてしまう。あきらかに野枝だけがきれいな格好をしていたのだろう。銭湯にはいって混んでいたので、どうしたらいいかわからずに、きょろきょろしていると、番頭さんがペコペコとあたまをさげながら、「どうぞこちらに」と、女工さんたちをおしのけて、野枝と魔子を鏡のある洗い場にとおしてくれた。ありがたいのだが、あきらかにまわりから冷たい視線をかんじる。こんなひそひそ話がきこえてきたという。

「何だい人を馬鹿にしていやがる。鏡は向《むこ》うにもありますだなんて、鏡なんか誰が——あんなもの見ようって湯になんか来やしないや。人をわざわざ恥かかしやがった。本当にあの野郎——」

「何《な》んだい、たった一銭のことじゃないかよ、こちとらだって、いつでも一銭くらいであの通りができるんだよ。だけどたった一銭で威張《いば》って見たって仕方がないやね。」

「まったくだね、一銭二銭惜《お》しいわけじゃないけどあんな番頭の頭下げさしたって——えっああ何んだいあれや。」

「女優だよ。」

「女優なもんかねご覧、子持ちじゃないか。(46)」

こりゃダメだ。野枝は、たまらず逃げかえった。しかし、一銭、二銭、カネをおおくはらっているとか、ただの誤解じゃないか。もう一回くらいチャレンジしてみよう。そうおもって、いってみたがやはりおなじことだった。

流しに上《あが》る。私はしゃぼんをたくさん使わないと気持《きもち》がわるい。体も桶《おけ》の中もしゃぼんのあぶくで一杯になる。しまいには仕方がないからにらまれるくらいは覚悟で桶のあぶくをあけた。

「二寸二寸《ちょっとちょっと》しどい泡だよ、きたならしいね、何《ど》うだい、豪儀《ごうぎ》だねえ、一銭出せばお客さまお客さまだ、どんなことだってできるよ。」

隣にいた女工はいきなり立ち上《あが》って、私をにらみつけながら大きな声で怒鳴《どな》った。

「すみません。(47)」

やっぱりダメだ。下町の女工たちとは、どうしても気があわない。せっかくの銭湯なのだから、自分が好きなようにはいりたいし、石鹸《せっけん》だってたくさんつかいたいものはつかいたいのである。それをやいやいいわれたら、ムカつくのはあたりまえだ。ちょっとヒヨって、すみませんとかいってしまったが、わたしはなにもわるいことなんてしてないぞ。もしかしたら、そういう野枝の態度を、ブルジョア的とか、知識人的なふるまいが捨てきれていないとかいうひともいるかもしれない。大杉もあたまでっかちなところがあるから、ちょっとはあわないことがあっても、労働者にあわせようとするだろう。でも、野枝はちがう。下町の流儀《りゅうぎ》だか、労働者の気風だかしらないが、そんなものにしたがえとかいわれたらたまらない。だいたい、それじゃあ、ご主人さまを資本家から労働者にかえただけで、これがただしいという尺度ができてしまうことにかわりないじゃないか。みんながみんな、労働者に評価される生きかたをしなければいけないのか。主人も奴隷もまっぴらごめんだ。はっきりいわなくてはならない。女工、ムカつく。イヤなものはイヤなのだ。

あなたは一国の為政者でも私よりは弱い

時計の針をすすめよう。一九一八年三月一日、大杉と久板、和田が警察にとっつかまった。大杉が「とんだ木賃宿《きちんやど》事件」とよんでいるものである。この日、大杉たちは友人宅で労働運動研究会というのをひらいたのだが、研究会のあと終電を逃してしまい、帰れなくなってしまった。そうしたら、和田が浅草にいきつけの木賃宿があるというので、そこにむかうことにした。木賃宿というのは、いまでいうとドヤ、簡易宿泊所のことである。で、みんなでテコテコとあるいていたところ、酔っぱらいが飲み屋の窓ガラスをわっただのなんだので、警官にとりかこまれていた。酔っぱらいは、ひたすらにあやまり、まわりのひともゆるしている。でも、警官はいやいやつかまえて帰るといってききやしない。それで大杉がわってはいる。ちょっとまちなよ、かわいそうじゃないかと。すると、警官がブチ切れる。なんなんだ、おまえらはと。そして、尾行がついていたからだろうか、なにかを察して「キサマら、社会主義者だな」とさけぶと、そのまま職務執行妨害だとかいって、大杉たちを拘束してしまった。

　こりゃたいへんだ。翌日、しらせをうけた野枝は、大杉たちが留置されていた日本《にほん》堤《づつみ》署にでかけていった。とりあえず、親子丼をさしいれする。とくになにもしていないし、すぐにでてくるだろう。そうおもっていたが、なかなか解放されない。翌日も、翌々日も。野枝は、魔子を知人にあずけ、村木といっしょにうごきまわった。野枝からしたらはじめての体験だ。さぞかし緊張していたことだろう。でも、大杉はそんなのおかまいなし。いい機会だから、面会や裁判の傍聴《ぼうちょう》を経験しておくといいよとかいってくる。えらそうに。そうこうしているうちに六日、和田や久板は解放された。でも、大杉だけはでてくる気配がない。野枝は警察署にいってキーキーいうが、とりあってはくれない。なんなんだ、これは。クソ、クソ、クソ、権力め。野枝は、切れてしまう。必死にあたまをはたらかせた。だれがわるいのか、こいつらに指示をだしているのは内務省だろう、その親分は……。そうだ、後藤だ、後藤がわるい。この辺、発想は大杉といっしょである。

　九日、野枝はもうれつな怒りをこめて、内務大臣、後藤新平に手紙をだした。じつはこの手紙、発見されたのが二〇〇二年のことなので、当初、全集にははいっていなかったのだが、水沢の後藤新平記念館に保管されていることがわかり、その後、全集の補遺に収録されることになった。巻紙にかかれた手紙で、のばしてみると、なんと全長四メートル。そのながさと文字の力づよさから、マジの怒りがつたわってくる。「前おきは省《はぶ》きます　私は一無政府主義者です」。このかきだしからはじまる野枝の手紙は、まず、なぜ大杉が勾留されなければならなかったのか、なぜ大杉だけが勾留されつづけているのかを問いただす。そして、そのうえで大杉を放免なんてしなくてもいいぞといいはじめる。そのかわり、裁判闘争であばれるだけあばれてやるからなと。さらにつづける。とりあえず、これからあなたのところに大杉勾留の理由をききにいってもいいですか、いやいきます、覚悟してまっていてくださいねと。

私の尾行巡査はあなたの門の前に震える、そしてあなたは私に会うのを恐れる。一寸皮肉ですね、ねえ、私は今年二十四になったんですから　あなたの娘さんくらいの年でしょう？

でもあなたよりは私のほうがずっと強みをもっています。そうして少《すく》くともその強みはある場合にはあなたの体中の血を逆行さすくらいのことはできますよ、もっと手強《てごわ》いことだって——あなたは一国の為政者でも私よりは弱い。(48)

やばい、かっこよすぎる。まあ、この手紙を投函《とうかん》した直後、大杉は解放されたので、なんの意味もなかったのだが、でもやるべきことはやってやった気がする。ともあれ、以後、ちょくちょく大杉やゴロツキたちがつかまったので、面会にいったり、さしいれしたりするのが、野枝の日常のひとつになった。

主婦たちがマジで生を拡充している

一九一八年四月九日、『文明批評』が廃刊となった。第三号を印刷所ですりおえたら、その場をおさえられて没収されてしまった。まえにもいったとおり、これがいちばんきつい。カネだけかかって、それを回収するすべがなくなってしまうのだから。けっきょく、のこるは借金だけ。まいった。とはいえ、野枝にとってはこれでよかったのかもしれない。その間、野枝はあまりのいそがしさに、熱をだして寝こんでしまったりしていた。ちょっとゆっくり休まなくてはいけない。のんびり本もよんでみたい。六月三〇日、野枝は魔子をつれて、今宿《いまじゅく》の実家にかえった。この辺、さすがに野枝はずぶとい。不倫スキャンダルのことで、親戚からはムチャクチャに非難されていたが、まあ孫をつれていけばなんとかなるとわかっているのである。じっさい、お母さんのウメがやさしくしてくれた。野枝は、魔子の世話をぜんぶまかせて本をよむ。ああ、らくちんだ。妹のツタは、お姉ちゃんはそういうところがほんとうにズルいんだといっている。それに、よく実家にいくまえに、ツタがすんでいた門司《もじ》によっていたらしいのだが、そこで汽船代や汽車賃をせびっていったのだという。カネがなくてもなんとかなる。さすがである。

七月一四日、おくれて大杉も今宿にやってきた。野枝の親戚とは、これが初対面である。はじめは、みんな大杉のことをこわいひとだろうとおもって、警戒していたが、あってみるとやさしいし、あかるいし、おもしろいし、なによりかっこいい。みんな好きになってしまった。代のおじさんは、大杉のことをこんなふうにいっている。

> 大杉栄は世に恐《おそろ》しき怪物のように誤り伝えられおりしが、その個性においては実に親切にして情に厚く、予、初めて対面せし時など、吃《きっ》して語る能《あた》わず、野枝の通訳にて挨拶を終えたり。親交重なるにしたがい吃音《きつおん》せず談笑したり。(49)

さいしょは吃音でなにをいっているのかわからず、野枝が通訳をしたというのもおもしろいが、とにかく親切で情にあついので気にいったとのことだ。おばさんのキチも、代はよほど大杉のことが気にいったらしくて、なにかとめんどうをみてやっていたようだといっている。そんなわけで、大杉も今宿をたのしくすごした。ほんとうは金策もしたかったのだが、それはかなわなかったようだ。しかたがない。

　八月六日、野枝と大杉は夏休みをおわりにする。魔子をつれて、門司にむかった。そこから汽船で神戸へ、そして電車にのって大阪についた。八月一〇日、ちょうど大阪で米騒動の気運がたかまっていたときである。大阪のアナキストたちと交流会をひらき、テンションがあがった大杉は、このまましばらく滞在していくという。米騒動がみたい。とうぜんだ。とはいえ、魔子もいる。あぶないかもしれないし、うーん。翌日、野枝は魔子をつれて帰京することにした。まかせた、大杉。ずるいよ、大杉。そんなわけで、大杉は大阪の釜ヶ崎《かまがさき》で米騒動を目撃し、ぞんぶんにたのしんで帰ってくる。なかでも、大阪の暴動はもっともはげしく、規模がおおきかったことでしられている。大杉は、みるべきものをみてきたのである。

　八月一六日、大杉も帰京。そのまま板橋署にひっぱられて、二一日まで予防拘禁されてしまった。東京の米騒動に参加させないためである。二四日には、上野桜木町で米騒動記念茶話会をひらいている。東京のアナキストたちは、みんなはやばやと拘束されてしまって、米騒動をみていないので、大杉が大阪のはなしをしたのである。野枝も、これには出席している。おおきな衝撃をうけたにちがいない。大杉がみた米騒動は、いわば主婦たちの暴動である。米価の高騰《こうとう》で、コメが買えない。だったらということで、主婦たちが米屋をおそい、その場で廉売所《れんばいじょ》をつくらせる。こっちが買える値段で、やすく売らせるのだ。それでも買えなければ、カネもはらわずにもっていく。米屋がいやがれば怒鳴りつけ、下駄をなげつける。それでもきかなければ、放火である。どうせ食えないならば、コメごと燃やしてしまえと。警察がでてきたら、おっちゃん、あんちゃんたちも加勢して、なぐる、けるに、投石、投石だ。数万人の力でおしかえす。圧勝だ。

これ野枝にとっては、家庭にとじこめられ、女は妻として夫をささえろ、夫のかせぎで家計をやりくりしろ、それ以外のことはやっちゃいけないと、あれもダメ、これもダメといわれていた女性たちが、そこからとびだしていくことを意味していた。主婦の鑑《かがみ》として、つつましい消費者として行動し、家をまもれ。そういわれてきた女性たちが、妻としての、主婦としての、消費者としての自分をかなぐり捨てて、あれもできる、これもできる、なんでもできる、わたしはすごいと、みずからの生きる力を爆発させている。生の拡充だ、主婦たちがマジで生を拡充している。夫をたよる必要なんてない、カネなんてなくてもなんとかなる、コメをもちさり、食らって生きる。

自分のことは自分でやる、やれるんだ。米騒動の主婦たちは、あきらかにそういう感覚を手にしている。

魔子は、ママのことなんてわすれてしまいました

さて、東京にかえってきてから、野枝と大杉は田端《たばた》にうつりすんだ。亀戸の家は、家賃を滞納したまま居座っていたのだが、大家が五〇円あげるから、たのむからでていってくれというので、でていくことにしたのである。ラッキーだ。たしかに、世にもおそろしいアナキストたち、大杉一派に居座られたらたまらない。家賃をとりたてにいっても、のらりくらりとかわされるし、つよくでたらでたで、なにをしでかすかわからない。警察をよんでみたって、むしろテンションがあがってさわいでしまう。当時、大阪のアナキストたちのあいだでは、借家人《しゃくやにん》運動というのがはやっていて、家賃をはらわずに居直るということをやっていたのだが、東京にいた大杉たちも、その例にもれなかったのだろう。

とはいえ、あいもかわらず貧乏だ。でも、たのしい。田端にすんでから、どこからともなく、大杉がヤギをつれてきたので、腹が減ったら乳をしぼってみんなで飲む。こりゃたまらん、栄養満点だ。とにかく、ヤギは便利だったようで、野枝が本をよむ

ときには、大杉が魔子を外につれだしてヤギの背にのせる。それで、アッハッハ、お馬さんだようとかいいながら、遊んでいたようだ。ヤギ、最高。しかも、いくら貧乏でもやることはやる。セックスだ。それから、野枝は毎年のように子どもを産んでいく。一九一九年一二月二四日、次女のエマを出産。エマ・ゴールドマンのエマだ。この子は、まもなく大杉の妹の養女となる。一九二一年三月一三日には、三女のエマ。びっくりすることに、次女とおなじ名前をつけた。一九二二年六月七日には、四女のルイズ。パリ・コミューンで大活躍したアナキストの闘士、ルイズ・ミッシェルからとった名前だ。一九二三年八月九日には、長男、ネストル。ロシア革命のときに、ウクライナでパルチザンをやったネストル・マフノからとった名前だ。名前も人数も、めちゃくちゃである。

その後の生活についても、はやまわしでふれておこう。野枝と大杉は、それからしばらく東京を転々としていたが、一九二〇年から二一年にかけて、環境のよいところにすみたいとおもって、鎌倉、逗子《ずし》へとうつりすんだ。それから運動がいそがしくなってくると、また東京にもどってきて、駒込《こまごめ》などにすんだりしている。だいたい、家にはだれかしら同志が居候していたようだ。野枝からしたら、これでたすかる。本がよみたければ、子守をたのめばいいし、あとはちょっとした食料さえあれば、なんとかなる。だって、家賃はせっつかれても集団の力でなんとかなるし、あとはたまに実家にでもいってうまいものを食ってかえってくればいいだけなのだから。とりわけ、ルイズを産むときには、まだ幼いエマだけをつれて実家にいりびたり、子どもの世話はぜんぶウメにまかせてしまった。かいてき、らくちん、かえらない。

あまりにかえってこないので、大杉がさびしくなって、はやくかえってこい、せめて手紙くらいちゃんとよこせよと怒ったほどだ。それでも野枝は、実家でうまいエビやカニを食べちゃったとかそういう手紙をかえしてくる。ちくしょう。大杉は、野枝にあてて、こんな手紙をかいている。

> 魔子の奴、憎らしくてね。ママはどうしたろうともちっとも言わないんだ。そして俺が毎日一度ぐらいママの話《はな》しをして聞かせても、ちっとも気のないような顔をしているんだ。そして人に何か言われても、お正月には行くんだからいいやい、て言っている。が、エマとルイズの話なら、少しは話にのる。妙な奴だね。(50)

魔子は、ママのことなんてわすれてしまいました。エマやルイズのことは気にかけているのにね、とでもいわんばかりだ。意地がわるい。でも、大杉の気持ちはわかる。

端的に、こういうことだろう。大杉は野枝にくびったけ。好きだあ!!! どうしようもない。

結婚制度とは、奴隷制のことである

じゃあ、そんな生活をおくるなかで、野枝は、家庭というものをどのように考えていたのだろうか。ちょっと理論的なことにもふれてみよう。さいしょにいっておくと、野枝は大杉とくらすようになってから、結婚制度そのものを否定するようになっている。うつべし、うつべしと。野枝は、大杉が訳したルトゥルノー『男女関係の進化』にもとづいて、つぎのように述べている。

道徳も法律も宗教も何《な》んにもない混沌《こんとん》たる蒙昧野蛮《もうまいやばん》の時代から男は主人で、女は奴隷でした。男は所有者で女は財産でした。そして今日の文明でも、女はその従属的な屈辱《くつじょく》的な位置から救い出すことはできませんでした。女は今もやはり蒙昧時代からのように、その体を提供して男から生活の保証を得るよりほかに生きる道はないのです。一人の男に一生を捧げるか、そうでないかの差異はありますが、しかし、女の体が男の野心や金や権力やのために自由にならねばならぬ場合がた

くさんあるのは全く当然な事だといわねばなりますまい。(51)

古代から、結婚制度とは奴隷制のことであった。女は男にとらえられ、男の所有物としてあつかわれる。女はもっともつかいがってのよい奴隷であり、性的なことから家事、育児までふくめて、男のために奉仕する存在であるとみなされてきた。とうぜん奴隷であるから、家畜とおなじように、物として、商品として交換される。尺度になるのは、どれだけ男のいうことをきけたのか。それが女の価値といわれ、また妻の役割であるといわれるようになった。男は主人で、女は奴隷。

夫の役割は、おまえらはたらけと、妻にムチをうつことであり、妻の役割は、それにだまってしたがうということだ。というか、だまっているどころではない。はじめはさからったら殺されるとか、たたかれるという恐怖があったからしたがっていたはずなのに、奴隷としてあつかわれることになれてしまうと、女たちはよき妻であることによろこびをおぼえ、みずからすすんで、ムチをうたれてしまう。ああ、ご主人さま、いたいです、ありがとうと。野枝は大杉のことばを借りて、これを女たちの奴隷根性とよんでいる。

近代にはいっても、このことにかわりはない。男女関係は、形式的に平等だといわれているが、そんなのウソっぱちだ。根っこにあるのは、奴隷制。ひとたび家庭がきずかれると、男女のあいだには夫と妻という役割がもうけられ、あきらかに不平等な関係がしいられる。妻は夫にやしなってもらい、そのみかえりに夫の世話をしなくてはならない。これ、ようするに、夫にやしなってもらわなければ、生きていけない、死んでしまうということだ。だから、なにをされても夫にしたがってしまう、性的奴隷にだってなってしまう。もちろん、そうおもっていたらやっていけない。だから、やっぱりでてくる奴隷根性。きょうからわたし、まっとうな妻になる、せっせ、せっせとまっとうな奴隷になる。

野枝はいう。女は、男の奴隷であり、私有財産である。そして、それをいちばんよくあらわしているのが、貞操《ていそう》観念なのだという。

そこでまた、貞操というものについて考えて見ましょう。
世の中が文明になるにつれて、最初平等であった人間と人間との間に階級ができ、権力が生《うま》れ、道徳ができ、法律ができ、宗教が生れて、風俗《ふうぞく》や習慣の上に大きな変動がでてきます。そして人間の生活が、一般にずっと規則だてられるのです。そして第一に規則だてられたものは、財産に対する権利です。所有権を所有することです。そして、この所有権の主張はもちろん女の上に充分に及びました。蒙昧野蛮な人間の間では、女の所有者は自分の随意に、その女を他人に貸しもすれば売りもしましたし、また、客をもてなすのに女の体を提供するということさえもしました。しかし、もし持主《もちぬし》の承諾なしに、他の男に接した場合、すなわち姦通《かんつう》は、実に厳重に罰せられました。(52)

本書でも、なんどか姦通罪のはなしをしたかとおもうが、日本には、近代にはいっても、旧態依然《きゅうたいいぜん》としたひどい法律があった。男性は未婚女性に手をだしても罰せられないが、女性の場合、結婚しているのに浮気をしたら罰せられる。なぜかというと、女性は貞操をまもるべきだといわれているからだ。じゃあ、なぜ貞操をまもらなくてはならないのかというと、女性は男性の所有物であり、私有財産だからである。私有財産がでていってしまうということは、ぜったいにあってはならないし、またそれがもっていかれることも犯罪である。ようするに、貞操だの、姦通罪だのがあるのは、女性が奴隷として、私有財産としてあつかわれているからである。ちくしょう。しかもこれ家庭のはなしばかりではない。野枝は、このことを青鞜時代からの持論とむすびつけている。

私たちはまた、売淫《ばいいん》という、もっと露骨《ろこつ》に女の体が経済的物品であることの証拠になることを知っています。多くの上中流の知識あり教養ある婦人たちは、それを賤《いや》しみ憐《あわ》れみしていますが、しかし多くの良人《おっと》を持っている婦人たちとの差異は本当に五十歩百歩なのではありませんか。(53)

かつて、野枝は娼婦《しょうふ》のことを「賤業婦《せんぎょうふ》」とよんだ婦人矯風会《きょうふうかい》をたたいたわけであるが、ここであらためて、中産階級の婦人たちにたいし、おまえらもおなじなんだ、男の性的奴隷じゃないか、経済的商品じゃないかといっているのである。むろん、それがいいといっているわけじゃない。そうじゃなくて、女性が奴隷としてあつかわれていること、経済的商品としてあつかわれていること、それ自体がわるいんだといっているのである。

私はあらゆる人間社会の人為的な差別が撤廃され、人間のもつあらゆる奴隷根性が根こそぎにされなければならないという理想をもっています。そしてその理想から、あらゆる婦人たちの心から、それ自らを縛《いまし》めているこの貞操という奴隷

根性を引きぬかねばならぬと主張するものです。(54)

やるべきことはみえている。うつべし、うつべし。姦通罪、もちろんいらない。貞操観念、もちろんいらない。結婚制度、もちろんいらない。好きなひとと好きなようにセックスをして、好きなようにくらすのだ。はじめに行為ありき。女性たちの心から、奴隷根性をひっこぬこう。

ひとつになっても、ひとつになれないよ

じゃあ、どうやって奴隷根性をひっこぬけばいいのだろうか。野枝は、このことを身近な生活の場から考えていく。なにものにもしばられずに、ひととひととが愛しあうというのは、どういうことなのだろうか。これまで野枝自身も、自由な恋愛をもとめてきたが、それってけっきょくどういうことだったのだろうか。こういったことを、結婚制度や家庭との関係でとらえかえしていく。

もちろん、ある男と女とが、愛し合うまでには、双方ともある程度まで理解しあうのが普通でしょうが、愛しあい信じあうと同時に、二人の人間が、どこまで

も同化して、一つの生活を営もうと努力するのが、現在の普通の状態のように思います。

私は、こんなものが真の恋愛だと信ずることはできません。こんな恋愛に破滅がくるのは少しも不思議な事ではないと思います。(55)


たぶん、これが野枝の恋愛論の核心なのだとおもう。愛するふたりは、けっしてひとつになれやしない。どんなに好きでもとめあい、抱きあってセックスをしても、ふたりはぜったいにひとつになれやしない。なぜかというと、ふたりはまったくの別人であるからだ。そんなことをいったら、身もふたもないかもしれないが、いいかえれば、それは異なる個性をもったかけがえのない存在だということでもある。はじめから、相手がどこによろこびをおぼえるのかなんてわからない。自分の感性とはちがうのだ。でも、だからこそ、ひとは心身ともにめいっぱいふれあって、相手にたいしてやさしくしようとおもう。愛するひとに、もっと気持ちよくなってもらいたい。わからない、わからない、でも、でも、と。

これをくりかえしていくうちに、愛するふたりは自分ひとりでは気づかなかったような、あたらしいよろこびを発見していくことになる。そうか、わたしはあんな快楽をあじわうことができたのか、こんな快楽をあじわうこともできたのかと。そして、そういうかけがえのない相手とであった自分の身体は、これまでの自分とはぜんぜんちがう。おなじ手足をしているかもしれないが、あきらかにその力が増している。まちがいない、生の拡充だ。セックスは、やさしさの肉体的表現である。ひとつになっても、ひとつになれないよ。それが真に愛情をはぐくむということだ。

でも、人間というのはおかしなもので、そういう愛情をこわがったりもしてしまう。相手をまったく異質な存在としてあつかうということは、なんどあっても相手のことがわからないということであり、はじめてあっているようなものだからだ。不安だ、さびしい、たえられない。だからこそ、ひとは結婚制度に逃げこもうとしてしまう。男女のカップルは、夫婦の契《ちぎ》りをかわすことによって、愛の契約をむすぶことによって、ひとつになれるんだ、いやそうするのが自然なんだとおもいこもうとする。そして、あたかもセックスの快感がその一体感をあらわしているかのようにおもいこむ。だいたいこれで、みんな家庭というひとつの集団に同化されてしまうのだ。じゃあじゃあということで、おなじ集団の構成員として、よりよい家庭をきずくために、たがいに契約をかわした役割をこなしましょう、夫としての、妻としての、ということになる。性別役割分業。それは奴隷根性でがんじがらめになるということだ。

それから、夫婦関係です。これも、従来とはすっかり変《かわ》ってきたとはいうものの、お互いの生活を「理解」するという口実のもとに、お互いに、どれほどその生活に自分の意志を注ぎ込もうとしていることでしょう。そしてある人々は「理解」では満足せずに「同化」を強《し》います。Better half という言葉が、どれほどありがたがられていることでしょう。

愛しあって夢中になっているときには、お互いにできるだけ相手の越権を許してよろこんでいます。けれども、次第にそれが許せなくなってきて、結婚生活が暗くなってきます。もしも大して暗くならないならば大抵の場合に、その一方のどっちかが自分の生活を失ってしまっているのですね。そして、その歩《ぶ》の悪い役まわりをつとめるのは女なんです。そしてその自分の生活を失くしたことを「同化」したといってお互いによろこんでいます。そんなのは本当にいい Better half なのでしょうけれど、飛んだまちがいなのですね。(56)

野枝らしい、ちょっと皮肉のきいた文章だ。家庭に同化され、夫だの妻だのの役割をせおわされたそのときから、かならず男女のどちらかが相手をささえるために、自分の生活をうしなってしまう。そして、それはたいていの場合、女性なんだ、わたしはよい妻ですとかいってよろこんでんじゃねえぞ、そんなのとんだまちがいだと。いじわるである。とはいえ、そういう野枝にしても、やはりよい妻であろうとしてしまうことがあるのだという。

　けれど、私たちの「家庭」という形式を具《そな》えた共同の生活が、何時《いつ》の間にか、私をありきたりの「妻」というものの持つ、型にはまった考えの中に入れていたのです。ですから、私は、少《すくな》くとも、あなたと何か仕事の上の話をしたり何か仕事を手伝ったり、あるいは同志の人たちと話《はな》しをしたりする時にはそうではありませんでしたけれども、あなたと二人きりの「家庭」の雰囲気の中の生活では、「妻」という自負のもとに、すべてを取り捌《さば》いていました。そして、今の感情はいつの間にか、その大事な仕事の上に臨む場合にすらも、「良人の仕事に理解を持つことのできる聡明な妻」という因習的な自負に打ちまかされるようになっていたのです。そして、私はそんなことには、ちっとも気がつかなかったのです。(57)

　これは大杉に宛てた手紙という体裁をとった文章なのだが、大杉とくらしはじめ、結婚制度を否認し、男とか女とかそういうことじゃなく、もっと自由に生きるんだとおもっていても、どうしても気づいたら妻の役割をひきうけてしまうんだといっているのである。毎日、いっしょにご飯を食べたいのに、大杉はとつぜんゆくえをくらませて、ぜんぜんかえってこなくなったりする。なんかイライラする。家にかえってきても、大杉はやっぱり飯も食わずに、夢中になってゴロツキたちと運動のはなしをしていたり、そうでなくても机にむかって、四六時中、文章をかいていたりする。それもイヤなのだが、それだけじゃなく、自分の体がしらずしらずのうちにうごいていて、なんかそこにお茶とかをだしてしまうのだ。よき妻として、夫の世話をしようとしてしまう。身にしみわたった奴隷根性。いやだ、いやだ。なんとしても、ふりはらわなければならない。

友情とは、中心のない機械である
――そろそろ、人間をやめてミシンになるときがきたようだ

じゃあ、家庭にとらわれない男女関係というのは、いったいなんなのか。その根底にあるものをいったいなんとよべばよいのだろうか。野枝は、こんなふうにいっている。

私はさきに、両性問題に対して考えることに興味を失ってきたといいましたが、事実、私は、親密な男女間をつなぐ第一のものが、決して、「性の差別」でなくて、人と人との間に生ずる最も深い感激をもった「フレンドシップ」だということを固く信ずるようになりました。「性の差別」はただ、同性間の「フレンドシップ」以外に、それを助ける力となるだけだと考えるようになりました。(58)

だいじなのは、性欲それ自体ではない、フレンドシップだ。たがいの個性を尊重しあえる友情こそがだいじなのだといっているのである。さきほどのセックスのはなしをおもいだしてほしい。基本は、ひとつになっても、ひとつになれないよ、である。愛するふたりは、かけがえのない個性をもった存在であり、ほんとうのところ、ひとつの集団に同化することなんてできないはずだし、夫や妻といった、だれとでも交換可能な役割をもつことだってできないはずだ。そして、ぜったいにわかりあえないからこそ、たがいにやさしさをふるまい、それまで自分でもおもってもいなかったようなよろこびを手にすることができる。そうやって試行錯誤をくりかえしながら、たがいの力をたかめあい、愛情をはぐくんでいきましょうというわけだが、それって友情とおなじだよねというわけである。むしろ、恋愛というのは、友情のうえに性交渉がのっかっただけなんじゃないのかと。

あたりまえのことかもしれないが、友だちに主従関係はありえない。契約だって必要ない。そんなものがでてきた瞬間に、友情はきえうせてしまう。友だちと遊ぶのは、ただたのしいからである。たとえば、釣りが好きなひとだったら、そりゃひとりでもたのしいだろうが、釣り仲間がいるとまたひとあじちがう。ちょっと競いあってみたり、たがいにしらなかったことをおしえあったりする。いっしょに釣った魚を料理して、酒でもかわしたらもう最高だ。あきらかに、自分ひとりではあじわうことができなかったようなよろこびをあじわっている。いま、かんぜんに『釣りバカ日誌』があたまにうかんでいるのだが、たとえ、その友人同士が会社の社長と平社員だったとしても、そこに主従関係をもちこんだらおしまいだ。そんなことをしてしまったら、釣りがつまらなくなってしまう。だいいち、釣り仲間の仁義にも反するだろう。接待ゴルフじゃあるまいし。だから、会社とか家庭とかとはちがって、友だちをひとつの集団に同化することなんてできないのである。友情、だいじ。

さらに野枝がおもしろいのは、この友情をはぐくむという行為を、機械になぞらえて説明していることだ。

複雑な微妙な機械をいじっていますと、私は、複雑である微妙を要することほど、特に「中心」というものが必要だという理屈は通らないのが本当のように思われます。みんな、それぞれの部分が一つ一つの個性をもち、使命をもって働いています。そしてお互いに部分部分で働きかけ合ってはいますが、必要な連絡の範囲を超してまで他の部分に働きかけることは決して許されてありません。そして、お互いの正直な働きの連絡が、ある完全な働きになって現《あら》われてくるのです。人間の集団に対する理想も、私はやはり、そこにゆかねばならぬものだと思います。けれども、現在ではこの理想は許されないのですね。

しかし、機械の部分部分のお互いの接触には、私たちは学ぶべきことがあると思います。[59]

これよほどすごい機械かとおもいきや、野枝がイメージしているのはミシンである。いまからすると、ちょっとしょぼい。でも、いっていることはよくわかる。機械というのは、そのしくみが複雑であればあるほど、中心というものが存在しないようになっているのだと。すべてが末端の部品なのであり、それぞれが個性をもった独自のうごきかたをしている。でも、孤立をしているわけではなく、おのおの連絡はとりあっていて、部品同士で歯車をかみあわせると、単体ではありえなかったようなうごきをするようになる。もちろん、それがいやだったら、歯車をあわせなければいいのであり、また別の部品とかみあわせれば、まったく異質なうごきをするようになる。それは上から命令をくだし、はじめからどううごくべきかをきめてしまう中心がないからこそなせるわざである。たえず力がひろがり、変化をとげていく。きまりがないから、どんどん複雑なうごきかたをためしていく。ミシンというのは、そうした部品のくみあわせのひとつの結果なのだ。

ここまできてわかるのは、これが野枝の恋愛論でもあり、友情論でもあり、運動論でもあるということだ。大杉だったら、おなじことを「自由連合」という、ちょっとかたいことばで説明するだろう。労働運動の全国組織みたいなものをつくるにしても、そこに支配関係をつくらせてはいけない、組合規模の大小をとわず、すべての組合の個性をいかした連絡組織をつくろうよと。それはそれでいいのだが、でも野枝のことばのほうが、より身近というか、日常的で、かつ具体的である。血がかよっているのだ。会社でもいいし、家庭でもいいのだが、ひとがほんきでなにものにも同化されずに、主人と奴隷の関係からぬけだしたいとおもうならば、そうじゃないひととひととのつながりをつくっていくしかない。友情とは、中心のない機械である。いちどつかえば、もうやみつきだ。そろそろ、人間をやめてミシンになるときがきたようだ。

ちなみに、蛇足《だそく》になってしまうかもしれないが、一九二〇年に鎌倉にうつりすんでから、野枝はもうほんとうにミシンに夢中であった。縫いたい、縫いたい。これは辻とのあいだにうまれた息子の、一《まこと》が回想していることなのだが、ある日、テコテコと野枝がやってきて、一をみるなり、かあちゃんがなにかミシンで縫ってあげるよとかいって、いやがるのもきかずに一のズボンをもっていってしまったという。そして、もどってきたら短パンになっていた。まあしかたがないかとおもって、それをはいて学校にいったらしいのだが、どうもパンツがみじかくなりすぎていて、体育館座りをしたところ、もろにキンタマがでてしまったのだという。学校中のわらいものだ。それで、これはいかんとおもい、野枝のところにいって、かあちゃんなおしてくれよと泣きついたところ、うるせえよといって不機嫌になってしまい、まったくきく耳をもってもらえなかったという。かわいそうに。しかし、まあ一の気持ちもわからなくはないが、しかたがないというべきだろうか。なにせ、野枝はミシンになりたいとおもっていたほどなのだから。きっと、やいやいいわれて、たいせつなミシンがコケにされたとでもおもったのだろう。ありがとう、すみません、ごめんなさい。

家庭を、人間をストライキしてやるんだ
――この腐った社会に、怒りの火の玉をなげつけろ！

女性が家庭にかこいこまれ、妻としての奴隷根性をせおわされているのだとしたら、そこからとびだして、真の友情をはぐくむ。中心のない機械になる、ミシンになる、愛の力をめいっぱい拡充していく。それが野枝のやろうとしていたことだ。しかし、そうはさせまいというのが、やっぱり結婚制度。ありとあらゆる道徳を駆使して、家をとびだした女性たちをバッシングしてくる。

しかるに、母たることが自由選択であり、恋愛と、歓喜と、熾《し》烈《れつ》な情熱の結果であるなら、結婚は無辜《むこ》の頭上に荊冠《けいかん》をおき、血文字で私生児という言葉を彫《き》まないであろうか？(60)

これは「自由母権の方へ」という論文のなかで、野枝がエマ・ゴールドマンを引用した箇所である。むかし辻が訳してくれたもので、ちょっと文章がかたくて、わかりにくいかもしれないが、いっていることは単純明快だ。結婚制度を否定して、いわゆ

る家庭とはちがう生活をしはじめると、かならずその道をはばまれる。なにより、まずわが子がやられてしまうのだ。だって、生まれた時点で私生児よばわりされてしまうのだから。世間というのは、ほんとうにろくなもんじゃなくて、ふだんは貧しい子どもをすくおうともしないくせに、そういうときにだけ子どもを守れとかいってきて、おまえらひととしておかしいんだよとか、ひとでなしとか、ろくでなしとかいってくる。でも、野枝はめげない。むしろ、そこでひらきなおり、反撃に転じようとこころみる。結婚制度は、わが子に血文字で私生児ということばをきざむ。だったら、こっちも容赦《ようしゃ》はしない。わが子に手をだすというのであれば、こっちだってなんだってやってやる、おまえら覚悟しておけよと。おっかない。

わが似非《えせ》道学者等は自由恋愛が婦人の胸中に喚《よ》び覚ました小児に対する深い義務の観念を学ばなければならない。滅亡と死のみを呼吸する雰囲気中に生命を産み出すよりむしろ彼女は母権の光栄を永久に棄《す》てるだろう。もし彼女が母になるなら、彼女の存在が与えうる最深最善のものを子供に与えるべきである。子供と一緒に生長することが彼女の座右銘《ざゆうめい》だ。かくしてのみ彼女は真の男と女との建設を助けることができるのを知っている。(61)

いまでもそうだとおもうのだが、よく政治家や御用学者が道徳をふりかざすとき、きまって女性は家にはいり、子どもを産むものだ、それが自然の摂理であり、そうしなければ人類が死滅してしまうとかいってくる。もちろん、これにたいして、その非合理性を指摘してもいいのだが、野枝はこうきりかえす。出産に人類の死滅がかかっているというのであれば、男性とくらべて、女性のほうがぜんぜんえらいじゃないか。おまえら、ちゃんと尊敬しろよ。人類の生命は、わたしたちがにぎっている。わたしたちを家にしばりつけ、カネにものをいわせて体を売り買いし、奴隷のようにあつかったりするのであれば、もう子どもなんて産みやしない。家庭を、人間をストライキしてやるんだ。この腐った社会に、怒りの火の玉をなげつけろ！

いうまでもなく、これは子どもはいらないとか、だいじにしなくてもいいとかいうことじゃない。ましてや、女は子どもを産まなくちゃいけないということでもない。そうじゃなくて、ほんとうに子どもがだいじだというのであれば、真に愛のある生活をきずかなくてはならないということだ。人間をやめて、ミシンになろう。でもそのためには、まずなによりも奴隷根性をひっこぬかなくてはならない。妻としての、奴隷としての役割を、ひょいと投げ捨てなくてはならない。妻だからああしなきゃいけないとか、こうしなきゃいけないとか、そんなのまっぴらごめんだ。自分のことは自分できめる。だれを好きになるのかも、どんな愛欲をはぐくむのかも、子どもを産むか産まないかも、すべては自分の勝手である。ジャマをされたら、なんどだって、たたいてこわして逃げてやる。

これをわがままというのだろうか。野枝だったら、うん、そうだよというだろう。そのわがままなストライキから、女性たちが、あれもやれる、これもやれる、もっとやれる、なんでもやれるという感覚を手にしていく。わたしはすごい、もっとすごい、きみもすごい、あのひともすごい。きっとそういうところから、はじめて男女関係でも、女性同士でも、男性同士でも、真の友情がめばえることになるだろう。そろそろ本章の字数もつきてきたので、このくらいにしておくが、野枝がいいたかったのは、端的にこういうことなのだとおもう。わがまま、友情、夢、おカネ。結婚なんてクソくらえ、腐った家庭に火をつけろ。ああ、セックスがしたい、人間をやめたい、ミシンになりたい、友だちがほしい。泣いて笑ってケンカして。ひとつになっても、ひとつになれないよ。

第五章

無政府は事実だ

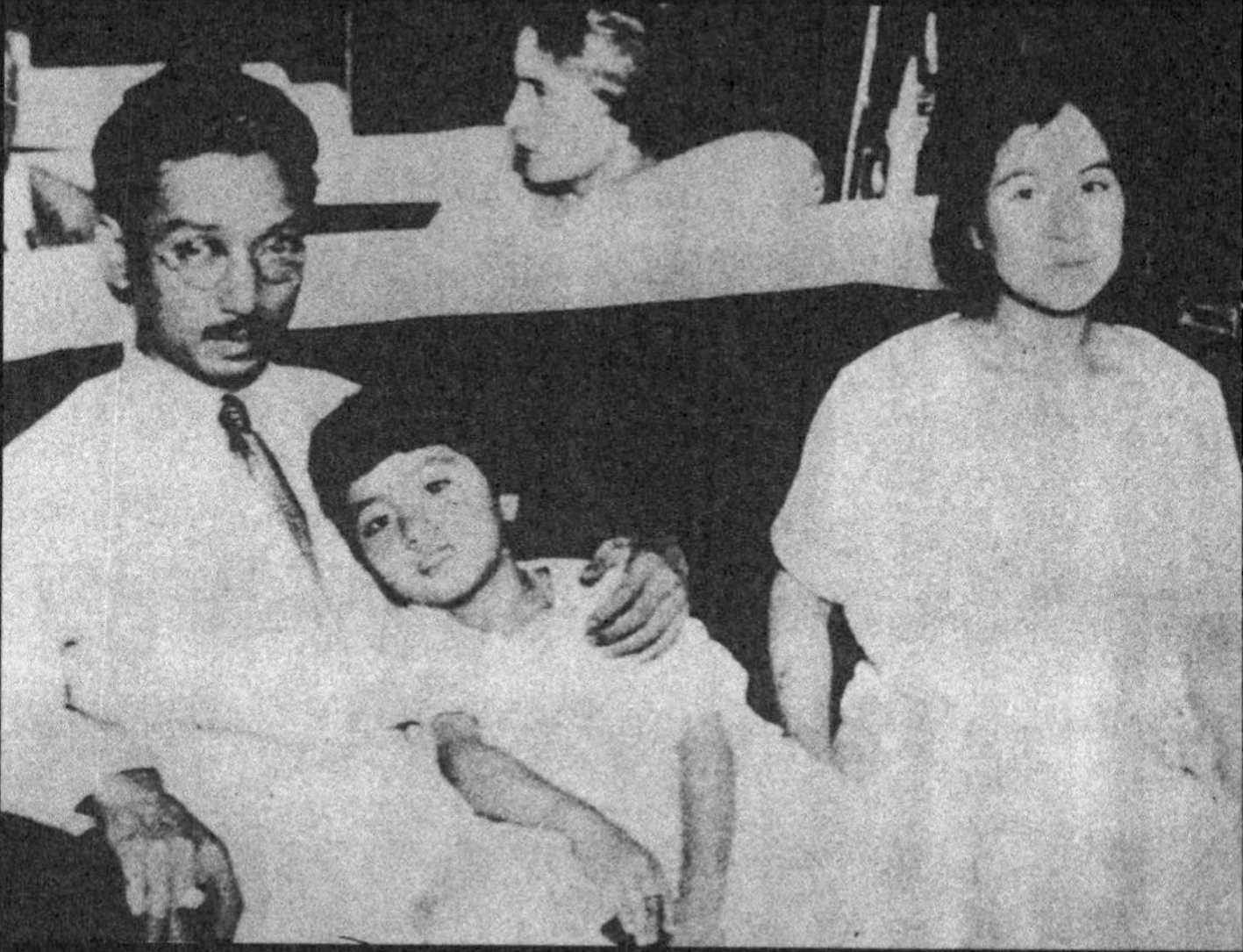

フランスより帰国した大杉とともに
神戸から東京に向かう魔子と野枝

関東大震災直後，自宅前路上の大杉と野枝

代家のミシンを前にした野枝

お前とならばどこまでも　栄
市ヶ谷断頭台の上までも　野枝
おうら山吹の至りにぞんじそろ　潤

野枝、大暴れ

大杉とくらすようになってから、野枝は活動のほうでもおおいそがしだ。一九一九年一〇月六日、『労働運動』(月刊)を創刊。その名のとおり、じっさいにおこっている労働運動の活動や、その思想を紹介するというものだ。これにあたって、大杉は労働運動社をたちあげ、社員には和田久太郎、近藤憲二、中村還一《かんいち》、延島英一《のぶしまえいいち》などが名をつらねている。かれらが各地をとびまわって、記事をかいていった。野枝も社員となり、女性の労働運動についてバシバシと記事をかいていった。スタンスは大杉とおなじ。労働者の解放は労働者自身の手によるものでなくてはならない。女性たちが自分たちの境遇《きょうぐう》を自分たちの力でかえていく。それをさまたげる連中がいるならば、資本家だろうが、官僚だろうが、政府よりの有識者だろうが、労働組合の幹部だろうが、どんなお偉いさんだろうが、そんなの関係ない。うつべし、うつべし。そんなところだ。

ちなみに、『労働運動』創刊の前日、一〇月五日に、野枝は、本所《ほんじょ》の業平《なりひら》小学校でひらかれた友愛会婦人部主催、婦人労働者大会によばれて参加している。ここで野枝、大暴れだ。じつはこのころ日本では、国際労働会議の労働者代表の選出をめぐって、おおもめにもめていた。これどういう問題かというと、一九一九年から国際労働機関(ILO)の総会として、国際労働会議がひらかれることになったのだが、そこには加盟国の政府代表、使用者代表、労働者代表が参加しなければならないということになっていた。これでこまったのが日本政府。なにせ、労働組合の公認すらしていなかったのだから。きほん、労働組合の活動は非合法。で、政府がどうしたのかというと、現にある労働組合の意向を無視して、むりやり官選で労働者代表をえらんでしまったのだ。とりあえず、自分たちにとって都合のいい人物をおくりこんでおけばいいだろうと。

これにはみんながブチキレてしまって、信友会などの、大杉とつるんでいたアナキスト、印刷労働者の組合はもちろんのこと、友愛会などの、資本家とはケンカせずにみんな仲よくやっていきましょうよと、比較的まったりしたことをいっていた組合さえもキレてしまった。大規模な反対運動がおこる。そんななかで、友愛会の婦人部が労働者大会をよびかけたのだ。ゲストとして、政府よりの有識者もまねかれている。野枝からしたら、よっしゃ、やってやるぜというところだったろう。大会自体はとどこおりなくおわったのだが、この日のメインは、そっちではなく、閉会後の控え室のほうであった。あきらかに、外にまできこえてくるような怒号《どごう》がとびかっていたという。

これは、平塚らいてうが自伝でかいていることなのだが、かの女がなんの騒ぎだろうとおもって駆けつけてみると、野枝がすさまじい剣幕《けんまく》で、田中孝子《たかこ》に罵声《ばせい》をあびせかけていたのだという。田中というのは、国際労働会議の政府代表者になった鎌田栄吉の婦人顧問である。この田中さん、渋沢栄一の姪《めい》っ子で、超金もちであった。とうぜん労働者の経験なんてありゃしない。で、野枝はおもったのだ。ヤッツケルしかない。「あなたのような婦人労働者の経験のないひとに婦人顧問の資格なんてない、一刻もはやくやめてください」。そういって、まくしたてていたという。らいてうは、田中がかわいそうだとおもい、とめにはいったが、野枝はきかない。らいてうに背をむけ、さらにまくしたてた。このブルジョア夫人め、ブルジョア夫人めと。

これはまずいとおもって、友愛会の山内《やまのうち》みなも、やめなよといってとめにはいったが、かの女も野枝の逆鱗《げきりん》にふれてしまう。野枝は「あなたは婦人労働者として、どうしたら自分が解放されるのか、もっと勉強してください。社会主義じゃなきゃダメなんです、なんでわからないの」といったという。のちに山内は、「伊藤野枝というひとは、ほんとうにタカビシャなひとでした」といっている。上等だ。まあ、このエピソードからも、野枝が労働者の解放は労働者自身の手によるものでなくてはならないとおもっていたことがわかるだろう。それを政府だの、有識者だのが上からどうこうしようとかいうならば、いつだってぶっつぶしてやるし、労働者側も、自分のことは自分でやる、やれるように必死に努力しなくちゃいけない、マジでやるんだ、おまえらもっと勉強しろよと。これを上から目線といえば、かんぜんに上から目線なのだが、でもこの、有識者ばかりじゃなく、労働者にたいしても、容赦《ようしゃ》なくケツに火をつけようとしているところが、また野枝らしくてたまらない、最高だといえるだろう。野枝、大暴れ。

どうせ希望がないならば、なんでも好き勝手にやってやる

さて、一九一九年一〇月一七日、大杉と親しい印刷労働者がストライキを決行した。信友会の「八時間労働制要求ストライキ」である。正確にいえば、男性には八時間を、女性と幼年工には六時間をもとめたストライキだ。大杉はこのストライキの支援にあ

たり、しりあいの小説家、詩人、評論家によびかけ、著作家組合というのをつくって、団体として信友会支持を表明させたり、各地にでかけていって演説をぶち、ストライキの意義をうったえかけたりした。とうぜん、野枝もストライキについての記事をかく。野枝は、一一月八日から九日にかけて、ストライキ中の女工さんたちに、とまりがけではなしをききにいった。三秀舎《さんしゅうしゃ》という印刷所ではたらいている女工さんたちだ。いろいろとはなしをきいているうちに、野枝はひとつの結論にたっすることになった。女は、はたらきすぎだと。

まず、女工さんたちはこきつかわれているわりに、賃金がひくい。男性を補助する仕事をしているだけだからというのが理由らしい。たとえば、印刷工場ではたらく女工におおかったのは、仕上げとよばれる作業だ。当時は活版印刷だったので、職人さんたちが活字を一文字ずつえらんで、それをくみあわせて、印刷をするための組み版をつくっていたのだが、その活字を鋳造《ちゅうぞう》したときに、ヤスリをかけて仕上げるというのが、その作業だ。とうぜん指はいたいし、目には負担がかかる。肉体的にはしんどいし、神経もつかうのだが、それでも文字をえらんだり、くみあわせたりする仕事とくらべれば、単純作業である。だから、作業工程のなかでは、あくまで男性の職人たちをささえる補助作業とみなされ、おもに女性にあてがわれていた。

いいかたをわるくすれば、仕上げは女どもがやる補助的な仕事なんだから、給料がひくくてあたりまえだということだ。だったら、その女性たちに配慮したはたらきかたでもさせてくれよとおもってしまうが、そうもいかない。女性の場合、生理のときもあれば妊娠しているときもあるのだが、だからといってはやくかえしてくれるとか、休みをくれるということはまったくない。朝の七時から夜の七時まで、一二時間ぶっつづけではたらかされる。じゃあ、そんな仕事やめてしまうか、その境遇をかえようと声をあげればよさそうなものだが、なかなかそうもならない。なぜか。

そこまでくると、教養のあるもののもないものも、最後の救いを求める場所は一つであった。大部分のものはみんな幸福な結婚生活を夢想し暖《あたたか》い家庭での母としての仕事を希望する。現在の労働状態を改善して、もっと愉快に働けるようにしよう、などと考えるものはほとんどないといってもいい。そして資本家は、女のこの急所をよく心得ている。どんなに苦しくとも、否、苦しければ苦しいほどこの夢を見ることのできる重宝な労働者をできるだけ利用する。(62)

つらければつらいほど、結婚を意識して、いい旦那をみつけよう、そうすればぜったいにしあわせになれるとおもいこんでしまう。夢想だ。野枝は、これを女の急所だといっている。資本家はこの急所をうまくついてきて、家庭にはいるまえのいっときのことなんだから、みなさんがんばりましょうよみたいなことをいってくる。もっといえば、女の、ほんとうの仕事はこれからなんだから、いまは低賃金でもしかたないでしょうといわんばかりだ。しかもたいていの場合、家庭にはいったからといって、なにからくになるということはありえない。むしろ、逆だ。

しかし、もしこの夢が実現されればいい。すなわちいい良人《おっと》と、暖《あたたか》い家庭が得らるればそれでもかまわない。けれども十中の八九まではこれが本当の夢になってしまう。そして彼女は結婚して家庭にはいっても、なおこの苦しい労働を止めるわけにはいかないのが今日では普通の状態だ。そしてこうした人々は二重の労働を強《し》いられてさらに一層惨めな境涯《きょうがい》に蹴落とされてしまう。そして今度こそはもうすべての希望から遠ざけられてしまう。(63)

女工さんたちは結婚をすると、ムダにいそがしくなる。二重の労働をしいられるのだ。家ではよき妻をえんじて夫をささえ、家事と育児をこなさなければならないし、たいていは、夫の収入だけではたりないから、外にでて、またはたらかなければならない。そして、はたらいたらはたらいたで、資本家からは、家計補助としてはたらいているだけなんだから、やっぱり賃金がひくくてもしかたがないよねとかいわれてしまう。さきの章で、賃金労働の根っこにあるのは奴隷制であり、そのモデルのひとつが家庭であるということにはふれたが、女工たちのこのはたらきかたは、まさにそれをよくあらわしているんじゃないだろうか。女は奴隷なんだから夕ダではたらくのがあたりまえ、工場ではちょびっとでも賃金がでるんだから、おまえらありがたくおもえと。女性たちの二重奴隷化。無希望だ。

ちなみに、野枝には「閑却《かんきゃく》されたる下婢《かひ》」という論文があって、下婢、つまり女中さんたちのはたらきかたを紹介しているのだが、かの女たちは家のなかで、文字どおり奴隷としてはたらかされている。家のひとを主人としてうやまい、あってないような給金で、二四時間はたらかされる。よく労働者というと、工場労働者ばかりをイメージしてしまって、女中みたいなはたらきかたは例外だとおもってしまいがちだが、野枝にいわせればそうじゃない。根っこにあるのは奴隷制であり、それは主婦も女中も女工もおなじことだ。だいじなのは、奴隷として飼いならされてきた、みずからの心身を解放すること。野枝は、あおる。女性たちよ、たちあがれ。どうせ、わたしたたちに希望はない。家にだって、会社にだって。だったら、どっちにもしたがう必要なんてないじゃないか。死力をつくしてやってしまおう。ストライキだ、直接行動だ、生の拡充だ。そうだ、自分のことは自分でやる、やれるんだ。

絞首台にのぼらされても、かまうものか！

一九二一年四月二四日、赤瀾会《せきらんかい》が結成された。このころ、大杉は堺利彦や山川均《ひとし》らとともにアナキストからマルクス主義者までふくめて、ひろく社会主義者をあつめて、日本社会主義同盟というのをつくっていたが、その女性版ともいえるのが赤瀾会である。野枝は、山川菊栄とともに顧問格として参加することになった。いうまでもないかもしれないが、菊栄は旧姓を青山といい、青鞜《せいとう》時代からの野枝のライバルである。いまはマルクス主義者の山川均と結婚して、山川姓になっている。

さて、この赤瀾会。中心になっていたのは、まだ一八歳の堺真柄《まがら》だ。堺利彦の娘である。わかさもあるのだろう。真柄は、もうやる気まんまんだ。五月一日、赤瀾会のメンバーをひきつれて、第二回メーデーに参加した。真柄は、黒地に赤で「赤瀾会」としるした旗をもち、ブンブンふりながらデモであるいた。でも当時、女性の参加者はやたらとめだつ。赤瀾会のメンバーは警官に急襲され、大立ちまわりをくりひろげるも、なぐられ、つきたおされて、「おまえら女のくせに」といわれながら、これでもか、これでもかと蹴りをくれられ、そのままひきずられて逮捕されてしまった。参加者全員である。

このとき、野枝は参加していなかったのだが、はなしをきいて怒り心頭だ。ふざけんじゃねえ。おもいのたけをはらすかのように、第二次『労働運動』でこうかいている。

婦人はいったいに気がせまい上に、社会運動にでもたずさわろうとする人々は非常に物に感じやすい性格の人が多く、かつ、かなり一本調子な強い熱情の持主《もちぬし》であり、そして、自分自身ではどれほどひどいことをでも忍ぶことができても、他人の上に加えられる無法を傍観《ぼうかん》していることのできないという弱点をもっている。そしてそこで往々《おうおう》、自分の心の上に加えてきた、自我的な理知の圧力をはね返す。そのときこそ彼女は、どんな大事をでも平気で仕遂《しと》げる。彼女は世間の批難くらいはもちろん、法律の網の真中にでも飛び込んでいくし、絞首台の上へでも光栄として上り得るに違いない。

赤瀾会に対する圧迫も、今後その活動につれていよいよ辛辣《しんらつ》になるに違いない。

が、為政者らは、婦人に対する侮辱《ぶじょく》のついでに、この婦人の欠点をもよくその考慮の中に入れておく必要のあることを警告しておく(64)。

政府の番犬どもよ、やれるものならやってみやがれ。そのかわり、女たちの気性をわすれるな。たとえつっぷし、たおれてもなんどでもはいあがってやる。いつだって、二倍返し、三倍返し、四倍返しだ。牢獄《ろうごく》にぶちこまれようと、絞首台にのぼらされようとかまうものか。ひとたび激情にかられれば、なんだってやってやる。かならず大事をなしてやるんだ。女をなめんな、わすれんなと。もちろん、これは権力にたいしてツバをはきかけたばかりじゃない。女性たちにたいしても、これで沈黙してはダメだ、もっとやるぞ、クビをつるされたってかまわない、その覚悟でやってやろうじゃないかとハッパをかけているのである。とんでもない。

じっさい、赤瀾会はだまらない。六月一一日には、赤瀾会の講演会があり、野枝は「婦人問題の難関」と題してしゃべっている。また、七月一八日から二二日にかけては、夏期講習会がひらかれ、野枝は、二〇日に「職業婦人に就《つい》て」という題でしゃべっている。どちらの講演会も内容については記録がないが、おそらくその間、婦人労働についておもっていたことをしゃべり、女たちよ、やられたらやりかえせ、死ぬ気でたちあがれとあおったにちがいない。

このころの野枝のいきごみは、ほんとうに半端ない。ひとつだけ、それをしめすよいエピソードを紹介しておこう。一九二一年七月三〇日、野枝は魔子をつれて、大杉とともに横浜港までいった。バートランド・ラッセルとその恋人、ドラが出港するのを見送るためだ。すでに二六日、大杉はラッセルと対談をしていて仲よくなっていた。ラッセルはいわずとしれた哲学者であるが、社会主義にシンパシーをもっていたことでもしられていた。しかもラッセルの思想がアナキズムにちかく、ロシア革命後のソビエトにたいして批判的でもあったことから、大杉とは気があったようだ。ラッセルにとっても大杉と野枝は印象深かったようで、のちに自伝をかいたときに、見送りにきた日本人については、この二人のことだけをかいている。とりわけ、野枝についてては大絶賛だ。

ラッセルはこうしるす。「わたしたちがほんとうに好ましいとおもった日本人は、たった一人しかいなかった。それは伊藤野枝という女性であった。かの女はわかく、そして美しかった。ある有名なアナキストと同棲していた」と。どうもこのとき、恋人のドラが野枝にたいして、こうたずねたのだという。「官憲《かんけん》になにかされるんじゃないかと、こわくはないんですか」。すると、野枝は喉もとに手をあてて、それをさっと横にひくと、ひとことだけこういったという。「遅かれはやかれ、こうなることはわかっています」。かっこいい。おそらく、この時期の野枝は、気合いにみちあふれ、ただならぬオーラをはっしていたのだろう。ドラもラッセルも、これで感動してしまった。

失業労働者よ、団結せよ

一九二一年一二月二六日、野枝と大杉は第三次『労働運動』(月刊)をはじめた。ロシア革命を明確に批判したのが、その特徴である。じつはこの年のはじめ、大杉は、ロシア革命を支持するボルシェビキとも共闘しようとおもって、第二次『労働運動』(週刊)をだし、かれらにも誌面を提供していたのだが、いかんせん意見がちがう。やめることにした。むしろ当時、ロシアにわたっていたエマ・ゴールドマンやバークマンの文章から、権力をにぎった革命政府が強権をふるい、アナキストやその他の左派勢力を弾圧しているという情報をえて、しだいにはげしくロシア革命批判をするようになっていった。これで、ロシア革命を支持し、すでにボルシェビキの理論家として名のりをあげていた山川均と、論争をくりひろげることになる。いわゆるアナ・ボル論争だ。

論点は、ひじょうにわかりやすい。山川は、こう考える。第一次大戦後、工業化の進展によって、資本家の力はさらにたかまっている。資本家たちは、最新鋭の機械設備をととのえた巨大工場をたて、がんがん安い商品をつくって、がんがん稼いでいる。その資金をつかって、大量の人材をやとい、その人材を効率的にはたらかせるために軍隊のような統制をしいている。もちろん、アメとムチをつかい、はたらかないものを罰するだけじゃなく、ちゃんとはたらいたものには報酬《ほうしゅう》をあたえながら。そうやって強力に組織された工場で、資本家にたちむかうにはどうしたらいいか。山川は、それ以上に強力な組織をつくってたたかうしかないという。各工場で巨大な労働組合をつくり、それを全国レベルでたばねていく。さらに、そのうえに前衛党たる共産党をたてて、よりよい方向に指導していけば完璧である。上からの命令には絶対服従。相手が軍隊みたいになっているのであれば、こっちも軍隊みたいな組織をつくって対抗するのだと。

大杉は、これにまっこうから反論する。工場ばかりじゃない、労働組合までふくめて、そういう上からの組織化こそが問題なんだと。なにが軍隊だ、なにが前衛党だ。ひとがひとを支配すること、それ自体が権力である。労働者を奴隷化するあらゆる制度をぶちこわそう。労働者諸君、あばれたまえ。身を賭《と》してストライキをうつことで、一人ひとりが自分のことは自分でやる、やれるんだという確信をもつんだ、それがだいじなことなんだと。アナキズム、だいじ。直接行動、だいじ。そういって、大杉はあらためて労働運動の初心にかえるべきだとうったえかけたのである。

とうぜん、野枝も大杉といっしょに執筆にいそしんでいる。おもしろいのは、野枝の失業についてのとらえかただ。ふつう失業者というと、ちょっとかわいそうだとおもわれがちである。たいせつな仕事をうしなってしまった、おカネがなくて生存の危機にさらされている。じゃあ、政治家や資本家に懇願《こんがん》して、失業手当をだしてもらえるようにおねがいしましょう。じっさい、そんなことをいう慈善団体がたちあがっていたのだという。

まあこれ、左派系の知識人でもおなじことをいうだろう。はたらかざるもの食うべからず。失業するのはよくないことだ。力のある労働組合にはいって、できるかぎり、クビにならないようにしなくてはならない。とはいっても、やられるときはだれでもやられてしまう。いざクビになったときのために、左派系の政党に、議員にプッシュしてもらって、失業手当がでるようにしてもらいましょう。そのおカネがでているうちに、はやくつぎの仕事をみつけましょうと。でも、野枝はこれじゃぜんぜんダメなんだといっている。

失業者は、空虚な標語によって指導者を仰いでの空騒ぎを止めなければならない。団結した失業者の示威《じい》運動に空虚な「要求」をふりかざしての馬鹿気《ばかげ》たお祭り騒ぎは絶対に不必要だ。必要なのはただ失業者がその職を奪われても、食物をもぎとられても、必ず堂々と生きる道を見出すであろうということを、権力階級に宣言することだ。彼らの権力が、その資力が、その支配が、どれほど大きいものであろうとも、遂《つい》に人間の生きる権利を奪うことはできないのだという人間の命の貴さに持つ自負を、彼らに示してやることだ。(65)

ああ、失業した、カネがない、死ぬかもしれない。ああ、政治家さま、資本家さま、組合幹部さま、おたすけください。野枝はこの時点でダメだというのである。なにせ、失業者の生殺与奪《せいさつよだつ》の権がにぎられて、あたらしい奴隷化のプロセスがはじまってしまうのだから。生存の恐怖にさらされて、あたらしい支配者の命令にしたがってしまう。でもほんとうのところ、ひとの生きる権利というのはそういうものじゃない。カネのあるなしにかかわらず、あれがしたい、これがしたいとおもったら、なにをやってもいいのであり、なんでもできるのである。それが生きるということだ。いざとなったら、なんとでもなる。

世のなかの支配者たちは、そんなことできっこない、オレをたよれといってくることだろう。だったら、行動でしめして、奴らにみせつけてやればいい。失業労働者よ、団結せよ。カネがなければ、うばえばいい。強奪《ごうだつ》だ。まちがいなく、このとき野枝のあたまには、米騒動でコメをもちさっていった主婦たちの姿が、おもいうかんでいたにちがいない。野枝なりの直接行動論である。

無政府は事実だ——非国民、上等！　失業、よし！

いざとなったら、なんとでもなる。野枝の思想の肝《きも》は、ここにある。もちろん、米屋をおそっているだけではラチがあかない。なにせ、米屋のコメには限度があるのだから。でも、野枝には、おさないころからの記憶として、そんなにカネなんかなくてもなんとかなる、そういう確信があったんじゃないかとおもわれる。だってそもそも故郷では、お父さんがはたらかなくてもなんとかなっていたのだから。お母さんががんばったというのもある。でも、それだけじゃない、まわりがたすけてくれたから、そういう土壌があったから、なんとかなったのである。野枝は、それを相互扶助《ふじょ》というアナキズムの思想とむすびつけて論じている。「無政府の事実」だ。

私どもは、無政府共産主義の理想が、到底実現することのできないただの空想だという非難を、どの方面からも聞いてきた。中央政府の手をまたねば、どんな自治も、完全に果たされるものでないという迷信に、皆《み》んなが取りつかれていることに、世間のものしりたちよりはずっと聡明な社会主義者中のある人々でさえも、無政府主義の「夢」を嘲笑《あざわら》っている。

しかし私は、それが決して「夢」ではなく、私どもの祖先から今日まで持ち伝えて来ている村々の、小さな「自治」の中に、その実況を見ることができると信じていい事実を見出した。

いわゆる「文化」の恩沢《おんたく》を充分に受けることのできない地方に、私は、権力も、支配も、命令もない、ただ人々の必要とする相互扶助の精神と、真の自由合意による社会生活を見た。(66)

アナキズムの理想は、どこかとおい未来にあるんじゃない。ありふれた生の無償《むしょう》性。ひとがひとを支配したりせずに、たすけあって生きていくこと。それはいまここで、どこでもやっていることだ。でも、資本主義というか、カネにまみれた都会の生活になれてしまうと、すべてが有償《ゆうしょう》の論理で、対価—見返りの関係で、うごいているかのようにおもってしまう。ひとがなにかしてくれるのは、あくまでカネがでているからだ。ひとは利己的な存在であり、カネさえあればいうことをきくと。カネのあるものはなんでもできるとおもいこみ、カネのないものを支配する。逆に、カネのないものはそれで自分に限界をかんじ、やりたいことがあってもやっちゃいけないとおもわされる。たとえば、子どもがたくさんほしくても、ちょっとムリだよねとおもったり、家族を医者にみせたくても、カネがなければあきらめてしまったりする。あれしかできない、これしかできない。

でも、ほんとうのところ都会でくらしていても、カネがなければひとに手をさしのべないなんてことはありえないし、ちょっと田舎《いなか》にでも目をむけてみれば、自分の行為にカネをもとめることのほうがすくないということに気づかされる。たとえば、野枝が育った今宿《いまじゅく》では、どこかの家で子どもがうまれるとき、産婆《さんば》さんや近所のおばさんたちがやってきて、だいたいのことはやってくれるという。子育てのしかただっておしえてくれるし、子どものめんどうだって、近所のひとや親戚がたすけてくれる。あるいは、家に病人がでたときもおなじことだ。気づけば、村のだれかが医者をつれてきて、病状をみてくれたりする。薬だのなんだのでカネがなければ、みんなでだしてくれたりする。損得じゃない。無償の行為だ、相互扶助だ。

　そして、そういう相互扶助の輪をひろげていくと、ほんとうに行政なんていらなくなってくる。たとえば、道がわるくてこまっている村人がいたとする。都会でくらしていたら、税金でカネをとられているし、行政におねがいしようとおもうかもしれない。いろいろと手続きがめんどうで、時間がかかるし、なによりことわられたらもうおわりである。でも、今宿はそうじゃない。こりゃまずいとおもったら、すぐに村人同士ではなしあう。で、たいていは土木関係にくわしいひとというのはいるもので、そのひとに主導してもらって、みんなでチャッチャとなおしてしまう。あるいは、村で窃盗《せっとう》事件がおきたとしても、犯人が村人だったら警察なんてよびやしない。たいていは村人のなかに、腕っぷしのいい奴もいれば、説教のうまいおじいさんもいるもので、そういう人たちでちゃんと怒っていいきかせる。いらないのだ、行政なんて。

　これ、なんとなく前章でみたフレンドシップや、中心のない機械のはなしとおなじだということがわかるだろうか。ひとりではカネも経験もなかったとしても、まわりに子育ての経験のある友だちでもいれば、だいたいなんとかなってしまう。あるいは自分ひとりじゃ口下手で、しかもヒョロヒョロしていてなにもできなかったとしても、まわりに口達者な友だちや、ガタイのいい友だちでもいれば、たいていのイザコザは解決できてしまう。自分にはあんなこともできたのか、こんなこともできたのか、友だちがいれば百人力だ。国家も経済もいりはしない。非国民、上等。失業、よし。目のまえでこまっているひとがいたら、ひとはかならず手をさしのべる。無政府は事実だ。

村に火をつけ、白痴になれ

もちろん、田舎のすべてがいいとか、かんぺきな理想だとかおもっていたわけではない。野枝は、そのこわさもイヤなところもよくわかっていた。これはちょっと考えればわかるとおもうが、目にみえた人間関係があって、そこにこれがただしいという尺度があったら、そりゃもうたいへんだ。田舎、マジで息苦しい。ちょっとはみだしたことをしてしまったり、ほんとうはしていなくても、そうみなされてしまったら村八分にされたり、おもむろに無視されたり、差別されたりする。あとは、そこで生きていくためにと、その尺度を内面化してしまって、いつもまわりにあわせなきゃ、あわせなきゃとおもいこみ、ずっと近所から監視されている気分になってしまうのだ。野枝からしてみたら、「遺書の一部より」でとりあげた自殺した地元の先生がその一例だろう。

また、野枝は地元にまつわるもっと悲惨なはなしをかいている。そのひとつが、小説「白痴《はくち》の母」だ。これは障害者の息子をもつ母親が、世間からの目をしょいこんで、どんどんおいつめられていくというはなしである。まわりからここの子どもは変だといわれていると、その母親もはずかしくて、そうだ、そうだとおもいこみ、いつもむやみやたらと息子にきびしくあたる。しかもある日、近所の子どもたちにいじめられた息子が反撃してしまい、ケガをさせてしまうと、まわりからお前のところの変なのがと責められまくる。それで、母親は息子に怒ってなじりたおしたのだが、もうつかれてしまう。隣の家にすんでいた主人公が、ちょっと心配になっていってみると、その母親が首を吊って死んでいたそうだ。そんなむごいはなしである。

もうひとつが、被差別部落の青年、彦七をえがいた小説、「火つけ彦七」である。やはり、野枝の田舎でも、部落民にたいする差別ははげしかったのだろう。主人公の彦七は、わかいころ職人の道にすすみたくて地元をとびだし、出自をかくしてはたらきはじめた。彦七は腕もよく、まじめだったので、みんなに重宝されていたのだが、ある日、祭りがあって遊びにいくと、そこで地元の人間にあってしまい、素性《すじょう》をばらされてしまう。しかも数人にリンチされて、血まみれになった。傷つき、仕事場にもどってみると、おまえ部落民だったんだなといわれて、クビにされてしまう。ひどい。

それでフラフラしながらも、うまくいったのがカネ貸しの仕事。彦七は、これまでの復讐といわんばかりに、村の人びとに高利で貸しつけてゼニをむさぼった。でも、それをやりすぎたためか、逆にうらみをかい、家に火をつけられて一文なしになってしまった。村の人びとはあざわらった。「この部落民め」。それでホームレスになった彦七は、長年、いろんな村をわたりあるき、さいごにこの村にもどってくる。そして、むちゃくちゃに火をはなち、村人たちにとっつかまるのだ。なんの希望もないはなしだが、野枝なりに当時の田舎の現状をとらえた作品だ。

じゃあ、やっぱり資本主義的な生活様式のほうがいいのかというと、そんなわけはない。資本主義もふくめて、ひとのふるまいにこれが標準だという尺度をもうけて、それ以外のものを排除する「社会」、あるいは「秩序」が問題なのである。もしも田舎の村にも、この「社会」があるのであれば、あらゆる手をつくしてぶちこわさなくてはならない。自殺した先生や白痴の母は、自殺という行為をつうじて、自分の身を自分で処する、自分のことは自分できめるという感覚をとりもどそうとしていた。彦七は、この「社会」に火をはなつことで、すべてをなきものに、ゼロにひきもどそうとしていた。野枝は、こういわんとしていたのだろう。みならわなくてはいけない。村に火をつけ、白痴になれ。

わたしも日本を去り、大杉を追っていきます

一九二二年一二月、大杉が日本を脱出した。フランスの同志から手紙がきて、アナキストの国際会議がひらかれるからこないかと書いてあったので、そりゃおもしろそうということで、いってしまったのだ。まず上海《シャンハイ》に密航し、そこからフランスにわたっていった。野枝は、本郷駒込片町《ほんごうこまごめかたまち》の労働運動社で留守番だ。新聞各紙は、大杉はどこへいった、なにかたくらんでいるんじゃないかとさわぎたてた。野枝は、なんどかインタビューにおうじているのだが、ほんとうに飄々《ひょうひょう》としている。「もうひと月もたてばどこへいったかわかるかもしれません。あんがい、そこらの温泉で原稿でも書いていたらおもしろいでしょうね」といって、ケラケラとわらっていたそうだ。さすがだ。

またいっとき、大杉が帰国しようとしても、官憲が上陸をゆるさないんじゃないかというウワサがながれた。非国民、ゆるすまじ。そんなに日本にいたくないのであれば、いなければいいんだ、上陸させるなと。これにたいして、野枝は「大杉がもし内地に上陸禁止になったら、そのときはわたしも日本を去り、大杉のあとを追っていくことになるとおもいます」といったという。非国民は日本にいられない？　いいよ。

海外でもどこでもくらしてやると。そりゃあ、そのくらいの覚悟はできていただろう。

その後、大杉はどうなったかというと、ベルリンで国際会議があるというので、ずっとフランスのパリでまっていたのだが、延期がつづいてなかなかひらかれない。カネもなくなり、いらだつなかで、一九二三年五月一日、メーデーの日をむかえた。もうがまんができなかったのだろう。パリ郊外のサン・ドニでひらかれたメーデーにでかけていき、集会でオレにもしゃべらせろといって、あじりまくった。これで私服警官にとりおさえられ、素性もバレてしまって国外追放されることになった。六月三日、マルセイユを出港して、七月一一日に、神戸港に到着する。

野枝は、魔子をつれて神戸にむかえにいった。でも、大杉は神戸港につくとすぐに、林田《はやしだ》署につれていかれてでてこない。野枝は三〇人くらい同志をひきつれて、署におしかけたが、なかなかかえしてもらえない。ちくしょう。とりあえず、野枝は身重ということもあって、須磨《すま》の旅館にいってまっていると、大杉が車にのってかえってきた。ひさしぶり。魔子は大はしゃぎだ。「父ちゃんがかえった、父ちゃんがかえった」。翌一二日、三人で列車にのって東京駅へ。午後七時半、到着。新聞でさわがれていたということもあるのだろう。東京駅では、見物人をふくめて、およそ八〇〇人が大杉をでむかえた。おしゃれのつもりなのか、なぜか大杉は白い洋装に、白いヘルメットをかぶり、葉巻をふかしながら「やあやあ」といっている。いまからすると、ちょっとバカっぽい。でも、それで群衆がうわあーと、すさまじい歓声をあげていたというのだから、まあしてやったりというところだろう。

この日、駒込の家に帰宅すると、大杉は野枝や子どもたちといっしょに、サイダーをぬいて乾杯をした。このときの写真がのこっていて、野枝がむちゃくちゃうれしそうだ。それから八月五日、野枝と大杉は、労働運動社とはべつに自宅をということで、淀橋町柏木《よどばしちょうかしわぎ》にひっこした。帰国後、大杉はなにかといそがしそうだ。フランスの土産《みやげ》話をもって、国内のアナキストをまとめようとうごきまわっている。野枝は出産だ。八月九日には、長男ネストルをうんでいる。そして九月一日、関東大震災をむかえることになる。

国家の犬どもに殺される

この日、さいわい柏木の家はぶじであった。心配した記者の安成《やすなり》二郎がやってきて、野枝や大杉とぶじをよろこぶ。このとき、安成は写真をとっていて、これがふたりの最後の写真となった。わたしは野枝の写真で、これがいちばん好きだ。ヤンキー座りをしていて、ちょっとかっこいい。それから九月三日、野枝は父親の亀吉と、代のおじさん宛てに、ぶじをしらせる手紙をかいている。とうぜん、代のおじさんにはおねだりをわすれない。こっちは食い物がなくてたいへんだ、これから未曽有《みぞう》の食糧難がおとずれるでしょう。だから、鉄道便でコメを五俵ほどおくってくださいと。マジで必要だ。

翌、四日には、家が焼けてしまった服部浜次《はまじ》夫妻や、袋《ふくろ》一平の一家をうけいれている。こまったときは、おたがいさま。このとき、大杉はとにかく友人はだいじょうぶかとおもい、見舞いがてらたずねまわっている。家が倒壊していれば、はいれるだけ自分の家にいれようとおもっていたのだろう。しかし、こまったときにひとをたすけようとするのが、アナキスト。殺そうとするのが、官憲だ。すでに中国人、朝鮮人の虐殺ははじまっていた。八日には、労働運動社の社員が、のきなみ予防拘禁をされている。

このころ、まことしやかに、大杉一派が暴動をおこそうとしているとのうわさもながれていて、「大杉、殺す、殺す」といきまいている輩《やから》もいたそうだ。それなのに、大杉は乳母車《うばぐるま》をおしながら、外でフラフラとしているから、隣人の内田魯庵《ろあん》が身をあんじて「気をつけたほうがいい」と忠告してくれたという。でも、大杉はヘッチャラだ。やられるときはやられるさと、あっけらかんとしていたという。

そして九月一五日、心配していた大杉の弟、勇《いさむ》から手紙がとどいた。勇は、横浜にすんでいたのだが、関東大震災の震源地が神奈川県ということもあって、街は壊滅状態。まったく音信不通になっていた。じっさい、家はかんぜんに倒壊し、鶴見の同僚宅におせわになっているという。勇は、妹の橘あやめの子ども、宗一をあずかっていたので、それじゃ子どもだけでもなんとかしなければということで、大杉と野枝は、鶴見まで見舞いにいくことにきめた。一六日、午前九時ころ、家をでた。大杉は白いスーツ姿で、手さげ袋をもち、野枝は麦わら帽子に、オペラバッグを手にもっていたという。とちゅう、辻潤宅があるということで、川崎でおりてみたが、やっぱりかんぜんに倒壊していて、一家はみあたらなかった。たぶん、ここであっていたら、野枝は、息子の一《まこと》をつれてかえって、いっしょに殺されていたことだろう。

お昼ごろ、鶴見について、勇とぶじをよろこぶ。大杉は、勇にうちにこないかとさそったが、いやオレはここでがんばるという。じゃあ宗坊はどうするかいときくと、宗一はいっしょにいくという。いっしょにつれてかえる。このとき宗一はきるものがなくて、女物の浴衣《ゆかた》をきていた。一説では、これで大杉の娘とまちがえられて、殺されたんじゃないかともいわれている。午後五時半ごろ、三人は柏木にもどってくる。子どもたちのためにと、野枝が八百屋によって、梨を買っていた。そこに、甘粕正彦《あまかすまさひこ》大尉ひきいる憲兵隊《けんぺいたい》五人組がやってくる。甘粕が「ご同行をねがいます」といい、大杉が「いちど家に帰らせてほしい」といったが、甘粕はダメだといい、ムリやり三人を車にのせてしまった。午後七時ころ、大手町の憲兵隊本部に到着する。

それから二、三時間のあいだに、三人ともぶっ殺されてしまった。大杉、三八歳。野枝、二八歳。宗一、六歳。国家の犬どもに殺された。のちにとりしらべで、甘粕は三人を別室につれていき、それぞれ自分ひとりで絞殺したといっているが、一〇〇パーセント、ウソだ。戦後になって発見された死亡鑑定書によれば、死因は扼殺《やくさつ》であるが、三人とも、肋骨《ろっこつ》などの骨がめちゃめちゃに折れていたという。あきらかに、なぐる、蹴るなどのリンチをうけたあとだという。ようするに複数人にボコボコにされ、息もたえだえになったところ首をしめられ、とどめをさされたということだ。三人の死後、甘粕たちはその屍《しかばね》を素っ裸にして、畳表《たたみおもて》でまいて憲兵隊本部にあった古井戸にほうりなげた。そこに馬糞《ばふん》やら瓦礫《がれき》やらをなげこんで、証拠隠滅《いんめつ》をはかったという。ひどいものだ。

友だちは非国民——国家の害毒は、もうバラまかれている

おそらく、実行犯は甘粕たち五人でまちがいないのだろう。でも主犯というか、甘

粕に命令をくだしたのは、もっと上の人間だったようだ。当時、警視庁官房主事だった正力松太郎《しょうりき》によれば、すでに九月一四日の時点で、陸軍から大杉を殺すといわれていたのだという。軍の組織的犯行だ。さいしょは、震災のどさくさにまぎれて、実行犯もうやむやにしようとしていたらしい。でもさすがに、六歳の子どもも殺されている。大杉たちの尾行を担当していた淀橋署からの報告をうけて、湯浅倉平《くらへい》警視総監はやばいとおもい、このことを後藤新平内相につたえた。

これでキレてしまったのが、後藤である。なんだかんだいって縁があったというか、ふたりのことをかわいい子どもくらいにおもっていたのだろう。後藤は閣議で、ことのあらましをしゃべり、おまえらこれ人道問題だぞと、田中義一《ぎいち》陸相をはげしく叱責《しっせき》した。わるいね、後藤。最期《さいご》のさいごまで。これで事件が公になった。九月二〇日、甘粕ら五人を軍法会議にかけることをきめ、さらに、福田雅太郎《まさたろう》戒厳《かいげん》司令官を更迭《こうてつ》し、小泉六一《ろくいち》憲兵司令官、および小山介蔵《すけぞう》東京憲兵隊長を停職処分とした。

それから、軍法会議がひらかれるまで、軍はマスコミへの情報統制をしいた。九月二五日に、ただこれだけを発表している。

甘粕〔正彦〕憲兵大尉は、本月十六日夜、大杉栄外《ほか》二名の者を某所に同行し、これを死に致したり。右犯行の動機は、甘粕大尉は平素より社会主義者の行動を国家に有害なりと思惟《しい》しありたる折柄《おりから》、今回の大震災に際し、無政府主義者の巨頭たる大杉栄らが、震災後秩序未だ整わざるに乗じ、いかなる不逞《ふてい》行為に出るやも計り難《がた》きを憂い、自ら国家の害毒を芟除《さんじょ》せんとしたるに在るものの如《ごと》し(67)。

大杉も野枝も、そして宗一も、「国家の害毒」だから除去してやったぜというのである。すごい理由だ。一〇月八日、軍法会議の第一回公判がひらかれると、マスコミへの統制もとかれ、こぞって甘粕の供述が報道された。さきほどもいったとおり、甘粕は、一人ひとり別室で、ひとりで絞殺したとウソをついているのだが、しかし野枝の描写だけは、なんだかやけに生々しい。ちょっとながいが、紹介しておこう。

野枝は壁寄《かべより》に据えてある机に右膝を乗せ、入口《いりぐち》の方を背に椅子に腰をかけていたので、絞殺の手段を取るに都合が悪く、よって甘粕は室の中を右に左にぶらぶら歩きながら野枝に油断させようと思って、種々の問題を捕《とら》えて会話《はなし》をしかけた。「君たちは戒厳の布《し》かれてあるのは馬鹿なことだと思うでしょう」「……」「兵隊さんが馬鹿に見えたろう」「世間では今日、兵隊さんでなければならぬ様《よう》にいうではありませんか」「君たちはこのうえ一層混乱に陥ることを喜んでいるだろう」「考え方が違うのですから仕方がありません」――笑いながらこんな話をしているうちに、不意に隙をうかがうて、右横にまわり、大杉に行ったと同一方法で野枝を締め付けたが、位置が悪かったため思うように力が入らず、そのため野枝は二三回ウンウンと唸り、いつまでも左手首のところをかきむしったが、これも十分くらいで絶命した。(68)

じっさいに、こんな会話をしたかどうかはべつとして、甘粕や軍幹部が、なにをおそれていたのかはよくわかる。この未曽有の事態にじょうじて、さらなる混乱をひきおこすこと、暴動をまきおこすこと。甘粕の脳裏には、米騒動の群衆たちがおもいうかんでいたのだろう。おとなしいとおもっていた日本国民が、とつぜんアホだの、クソだのといって、警官や軍人に石をなげつけてくる。豹変《ひょうへん》だ。みんながいっせいに非国民になってしまう。大阪でそれをあおりまくっていた大杉は、ぜったいにぶっ殺さなくてはならないし、それをうけて、女性たちの直接行動をあおろうとしていた野枝も、やっぱりぶっ殺さなくてはならなかった。危険分子は、まえもって殺せと。

もちろん、これは甘粕たちの被害妄想であった。震災当時、大杉たちはこまっている人たちを、どうたすけるのかということしか考えていなかったのだから。あたりまえだ。でも、マスコミというのはこわいもので、軍の情報をたれながす。子どもを殺したというところだけかるくうけながし、あとは国賊《こくぞく》を殺した甘粕はえらい、憂国《ゆうこく》の士だ、国の英雄だとほめたたえた。これで、よほど世間からの同情をえたとおもったのだろう。一二月八日、軍法会議は以下のような判決をだしている。

甘粕正彦大尉　懲役《ちょうえき》一〇年
森慶治郎曹長　懲役三年
平井利一伍長　無罪
鴨志田安五郎上等兵　無罪
本多重雄上等兵　無罪

三人殺してこれである。かるすぎる。甘粕は、三年たらずででてきて満州にわたり、その後、満州国の裏のボスとよばれるまでに出世している。チクショウ、チクショウ。非国民にはなにをしてもかまわないとでもいわんばかりだ。これじゃあんまりだというこことで、アナキストの友人たちが、かたき討《う》ちに奔走《ほんそう》しはじめた。義をもって、賊に堕《お》ちる。殺、殺、殺、されど殺だ。和田久太郎と村木源次郎が、ギロチン社の中浜鉄、古田大次郎と手をくんで、震災当時、戒厳司令官だった福田雅太郎をねらった。和田がピストルをぶっぱなし、古田が爆弾をなげるもことごとく失敗。みんなすぐにつかまってしまった。

しかも失敗しているのに、刑がやたらとおもい。中浜は死刑、古田も死刑、和田は無期懲役だ。もともと病身だった村木は、裁判をまたずして吐血して死んでしまった。さらに、せっかく死刑をまぬがれたのに、和田は一九二八年、秋田刑務所で自殺してしまった。昇天、昇天、昇天、されど昇天だ。チクショウ、チクショウ、野枝さん……。でも、はっきりといっておかなくてはならない。復讐の狼煙《のろし》は、まだあがったばかりだ。悪代官をひとり殺してどうこうとか、そういうはなしではない、革命だ。非国民、上等。失業、よし。いざとなったら、なんとでもなる、なんでもできる。友だちがいれば、百人力。無政府は事実だ。自分のことは自分でやる、やれるんだ。あのひとがいればもっとやれる、このひとがいればもっとやれる。もっといける、もっといける。いくぜ、アナルコ・コミュニズム。国家の害毒は、もうバラまかれている。そう、友だちは非国民。

注

（1）伊藤野枝「嘘言と云ふことに就いての追想」『定本伊藤野枝全集』（以下、『全集』）第二巻、學藝書林、二〇〇〇年、二〇三頁。（初出『青鞜』第五巻第五号、一九一五年五月）
（2）同前、二一二頁。
（3）矢野寛治『伊藤野枝と代準介』弦書房、二〇一二年、五四頁。
（4）井手文子『自由それは私自身――評伝・伊藤野枝』筑摩書房、一九七九年、四二頁。
（5）伊藤野枝「わがまま」『全集』第一巻、學藝書林、二〇〇〇年、八八頁。（初出『青鞜』第三巻第一二号、一九一三年一二月）
（6）伊藤野枝「出奔」『全集』第一巻、一〇三頁。（初出『青鞜』第四巻第二号、一九一四年二月）
（7）辻潤「ふもれすく」『絶望の書・ですぺら』講談社文芸文庫、一九九九年、一〇七頁。
（8）平塚らいてう『元始、女性は太陽であった――平塚らいてう自伝 2』国民文庫、一九九二年、六九―七〇頁。
（9）伊藤野枝「東の渚」『全集』第一巻、九―一〇頁。（初出『青鞜』第二巻第一一号、一九一二年一一月）

(10) 伊藤野枝「S先生に」『全集』第二巻、七八頁。(初出『青鞜』第四巻第六号、一九一四年六月)
(11) 同前、七八―七九頁。
(12) 伊藤野枝「従妹に」『全集』第二巻、六一頁。(初出『青鞜』第四巻第三号、一九一四年三月)
(13) 伊藤野枝「矛盾恋愛論」『全集』第二巻、一六三頁。(初出『廿世紀』第二巻第一号、一九一五年一月)
(14) 伊藤野枝「遺書の一部より」『全集』第一巻、一一九頁。(初出『青鞜』第四巻第九号、一九一四年一〇月)
(15) 同前、一二〇頁。
(16) 同前、一二一頁。
(17) 同前、一二二頁。
(18) 大杉栄「婦人解放の悲劇」『大杉栄全集』第二巻、ぱる出版、二〇一四年、二〇七―二〇八頁。
(19) 大杉栄「死灰の中から」『大杉栄全集』第四巻、ぱる出版、二〇一四年、三一七頁。
(20) 平塚らいてう『元始、女性は太陽であった――平塚らいてう自伝 2』一九〇頁。
(21) 伊藤野枝「『青鞜』を引き継ぐに就いて」『全集』第二巻、一五六頁。(初出『青鞜』第五巻第一号、一九一五年一月)

(22) 安田皐月「生きる事と貞操と」堀場清子編『『青鞜』女性解放論集』岩波文庫、一九九一年、二四三―二四四頁。
(23) 伊藤野枝「貞操についての雑感」『『青鞜』女性解放論集』二五一頁。(初出『青鞜』第五巻第二号、一九一五年二月)
(24) 同前、二五六頁。
(25) 同前、二五八―二五九頁。
(26) 原田皐月「獄中の女より男に」『『青鞜』女性解放論集』二六二―二六三頁。
(27) 伊藤野枝「私信――野上弥生様へ(抄)」『『青鞜』女性解放論集』二七一―二七二頁。(初出『青鞜』第五巻第六号、一九一五年六月)
(28) 平塚らいてう「「個人」としての生活と「性」としての生活との間の争闘について(野枝さんに)」『『青鞜』女性解放論集』二九三頁。(初出『青鞜』第五巻第八号、一九一五年九月)
(29) 伊藤野枝「傲慢狭量にして不徹底なる日本婦人の公共事業について」『『青鞜』女性解放論集』三二〇頁。(初出『青鞜』第五巻第一一号、一九一五年一二月)
(30) 同前、三二五頁。
(31) 伊藤野枝「青山菊栄様へ」『『青鞜』女性解放論集』三四七頁。(初出『青鞜』第六巻第一号、一九一六年一月)
(32) 青山菊栄「更に論旨を明かにす」『『青鞜』女性解放論集』三五七頁。(初出『青鞜』第

六巻第二号、一九一六年二月)

(33) 伊藤野枝「雑感」『全集』第二巻、一四一頁。(初出『青鞜』第四巻第一一号、一九一四年一二月)

(34) 大杉栄『大杉栄書簡集』海燕書房、一九七四年、一四二頁。

(35) 同前、一四六頁。

(36) 『全集』第二巻、三五六頁。

(37) 同前、三六一頁。

(38) 同前、三九五頁。

(39) 神近市子『神近市子自伝(人間の記録 8)』日本図書センター、一九九七年、一六八頁。

(40) この記述は、大杉の「お化をみた話」(『改造』一九二二年九月)に依拠している。なお、これに反論して、神近は「豚に投げた真珠」(『改造』一九二二年一〇月)をかき、ふとんにもぐりこんだのはわたしじゃない、あいつがもぐりこんできたんだ、ことわってやったけどね、といっている。男女関係はめちゃくちゃだ。

(41) 平塚らいてう「いわゆる自由恋愛とその制限」『元始、女性は太陽であった——平塚らいてう自伝 2』二八六頁。

(42) 伊藤野枝「書簡　武部ツタ宛(一九一七年一〇月一日)」『全集』第二巻、四四三頁。

(43) 大杉栄「久板の生活」『大杉栄全集』第六巻、ぱる出版、二〇一五年、一三五頁。

(44) 同前、一三六頁。

(45) 大杉栄「野枝は世話女房だ」『大杉栄全集』第四巻、一二二頁。
(46) 伊藤野枝「階級的反感」『全集』第三巻、學藝書林、二〇〇〇年、三一頁。(初出『文明批評』第一巻第二号、一九一八年二月)
(47) 同前、三二頁。
(48) 伊藤野枝「書簡　後藤新平宛」『定本伊藤野枝全集補遺・資料・解説　野枝さんをさがして』學藝書林、二〇一三年、七九頁。
(49) 原典は、代準介『牟田乃落穂』。矢野寛治『伊藤野枝と代準介』一四〇頁より引用させていただいた。
(50) 大杉栄「伊藤野枝宛(一九二三年一〇月二一日)」『大杉栄書簡集』二二二頁。
(51) 伊藤野枝「貞操観念の変遷と経済的価値」『全集』第三巻、二七三頁。(初出『女の世界』第七巻第六号、一九二一年六月)
(52) 同前、二六九頁。
(53) 同前。
(54) 同前、二七一頁。
(55) 伊藤野枝「自由母権の方へ」『全集』第三巻、一七一頁。(初出『解放』第二巻第四号、一九二〇年四月)
(56) 伊藤野枝「『或る』妻から良人へ——囚はれた夫婦関係よりの解放」『全集』第三巻、二五六頁。(初出『改造』第三巻第四号、一九二一年四月)

(57) 同前、二五二頁。
(58) 伊藤野枝「自由母権の方へ」『全集』第三巻、一七〇―一七一頁。
(59) 伊藤野枝「『或る』妻から良人へ――囚はれた夫婦関係よりの解放」『全集』第三巻、二五五頁。
(60) 伊藤野枝「自由母権の方へ」『全集』第三巻、一七四頁。
(61) 同前。
(62) 伊藤野枝「婦人労働者の現在」『全集』第三巻、一一一頁。(初出『新公論』第三四巻第一二号、一九一九年一二月)
(63) 同前。
(64) 伊藤野枝「婦人の反抗」『全集』第三巻、二九一―二九二頁。(初出『労働運動(第二次)』第一二号、一九二二年六月四日)
(65) 伊藤野枝「失業防止の形式的運動に対する一見解――生きる権利の強調と徹底」『全集』第三巻、三四八―三四九頁。(初出『労働運動(第三次)』第一三号、一九二三年四月一日)
(66) 伊藤野枝「無政府の事実」『全集』第三巻、三〇九頁。(初出『労働運動(第三次)』第一号、一九二一年一二月二六日、第二号、一九二二年二月一日)
(67) 帝都罹災児童救援会編『関東大震大火全史』帝都罹災児童救援会、一九二四年、二九九―三〇〇頁。
(68) 同前、三〇三―三〇四頁。

参考文献

堀切利高・井手文子編『定本伊藤野枝全集』(全四巻)學藝書林、二〇〇〇年。

堀切利高編『定本伊藤野枝全集補遺・資料・解説　野枝さんをさがして』學藝書林、二〇一三年。

森まゆみ編『吹けよあれよ風よあらしよ　伊藤野枝選集』學藝書林、二〇〇一年。

大杉栄全集編集委員会編『大杉栄全集』(全一二巻、別巻一)ぱる出版、二〇一四―一六年。

大杉栄研究会編『大杉栄書簡集』海燕書房、一九七四年。

大杉栄『叛逆の精神――大杉栄評論集』平凡社ライブラリー、二〇一一年。

飛鳥井雅道編『大杉栄評論集』岩波文庫、一九九六年。

大杉栄著、飛鳥井雅道校訂『自叙伝・日本脱出記』岩波文庫、一九七一年。

小林登美枝・米田佐代子編『平塚らいてう評論集』岩波文庫、一九八七年。

平塚らいてう『元始、女性は太陽であった――平塚らいてう自伝』(全四巻)国民文庫、一九九二年。

鈴木裕子編『山川菊栄評論集』岩波文庫、一九九〇年。

竹西寛子編『野上弥生子随筆集』岩波文庫、一九九五年。
堀場清子編『『青鞜』女性解放論集』岩波文庫、一九九一年。
神近市子『神近市子自伝(人間の記録 8)』日本図書センター、一九九七年。
山内みな『山内みな自伝――十二歳の紡績女工からの生涯』新宿書房、一九七五年。

辻潤『絶望の書・ですぺら』講談社文芸文庫、一九九九年。
和田久太郎『増補決定版　獄窓から』黒色戦線社、一九七一年。
近藤憲二『一無政府主義者の回想』平凡社、一九六五年。
松下竜一『ルイズ――父に貰いし名は』講談社文芸文庫、二〇一一年。
伊藤ルイ『海の歌う日――大杉栄・伊藤野枝へ―ルイズより』講談社、一九八五年。
辻まこと著、琴海倫編『遊ぼうよ――辻まことアンソロジー』未知谷、二〇一一年。
山川均ほか『新編大杉栄追想』土曜社、二〇一三年。
小田光雄・小田透訳『エマ・ゴールドマン自伝』(上・下)ぱる出版、二〇〇五年。
日高一輝訳『ラッセル自叙伝』(全三巻)理想社、一九六八―七三年。

岩崎呉夫『炎の女――伊藤野枝伝』七曜社、一九六三年。
瀬戸内寂聴『美は乱調にあり』角川学芸出版、二〇一〇年。
瀬戸内晴美(寂聴)『諧調は偽りなり』文春文庫、一九八七年。

柴門ふみ（瀬戸内寂聴原作）『美は乱調にあり』文藝春秋、二〇一四年。

井手文子『自由それは私自身――評伝・伊藤野枝』筑摩書房、一九七九年。

矢野寛治『伊藤野枝と代準介』弦書房、二〇一二年。

森まゆみ『『青鞜』の冒険――女が集まって雑誌をつくるということ』平凡社、二〇一三年。


鎌田慧『大杉栄　自由への疾走』岩波書店、一九九七年。

大杉豊編著『日録・大杉栄伝』社会評論社、二〇〇九年。

栗原康『大杉栄伝――永遠のアナキズム』夜光社、二〇一三年。

角田房子『甘粕大尉　増補改訂』ちくま文庫、二〇〇五年。

佐野眞一『甘粕正彦　乱心の曠野』新潮文庫、二〇一〇年。

『彷書月刊　3（特集わたしは伊藤野枝）』弘隆社、二〇〇〇年。

『初期社会主義研究（特集大杉栄）』第一五号、二〇〇二年。

『初期社会主義研究（特集非戦）』第一七号、二〇〇四年。


鹿野政直・堀場清子編『高群逸枝語録』岩波現代文庫、二〇〇一年。

森崎和江『第三の性――はるかなるエロス』河出文庫、一九九二年。

田中美津『いのちの女たちへ――とり乱しウーマンリブ論』パンドラ、二〇〇四年。

ＴＩＱＱＵＮ「『ヤングガール・セオリーのための基本資料』序文」『ＨＡＰＡＸ』vol.4、夜光社、二〇一五年。

五井健太郎「巡る恋の歌——長渕剛における政治的なもの」『文藝別冊長渕剛』河出書房新社、二〇一五年。

森元斎『具体性の哲学——ホワイトヘッドの知恵・生命・社会への思考』以文社、二〇一五年。

不可視委員会著、HAPAX訳『われわれの友へ』夜光社、二〇一六年。

写真出典

カバー、第一章扉裏(下)、第二章扉裏、第五章扉裏
『定本伊藤野枝全集』(全四巻)學藝書林、二〇〇〇年
第一章扉表、第二章扉表、第五章扉表
矢野寛治『伊藤野枝と代準介』弦書房、二〇一二年
第三章扉表
『復刻版青鞜』第二巻下、不二出版、一九八三年
第三章扉裏
小林登美枝・米田佐代子編『平塚らいてう評論集』岩波文庫、一九八七年
鈴木裕子編『山川菊栄評論集』岩波文庫、一九九〇年
神近市子『神近市子自伝(人間の記録 8)』日本図書センター、一九九七年
第四章扉表・裏
『大杉栄全集』第四巻・第五巻、ぱる出版、二〇一四年
viii頁、第一章扉裏(上)
撮影・五井健太郎

伊藤野枝　略年譜

（著者作成）

一八九五（明治二八）年（〇歳）　一月二一日、福岡県糸島郡今宿村（現、福岡市西区今宿）に生まれる。父は亀吉、母はムメ（ウメ）。お父さんは、はたらかない。超貧乏な家だった。

一九〇九（明治四二）年（一四歳）　三月、周船寺高等小学校を卒業。今宿の郵便局につとめる。東京にいきたい、女学校にいきたい。東京に住んでいた叔父の代準介に、どうか面倒をみてくれとなんども手紙をだした。ど根性で成功だ。一一月、上京。

一九一〇（明治四三）年（一五歳）　四月、上野高等女学校四年に編入。この年、大逆事件が起こる。

一九一二（明治四五／大正元）年（一七歳）　三月、上野高等女学校を卒業。帰郷し、いちど末松家に嫁がされるが、いやになって家をとびだす。上京し、高等女学校の教師であった辻潤をたよった。そのまま同棲。この一件で責任をとらされ、辻は辞職。その後、辻は死ぬまで定職につかなかった。一〇月、野枝は青鞜社に入社した。

一九一三（大正二）年（一八歳）　六月、木村荘太に愛を告白されて、ちょっと動揺。九月、長男の一を出産。

一九一五(大正四)年(二〇歳)　『青鞜』の編集・発行人になる。誌面で、貞操論争や堕胎論争、廃娼論争をくりひろげる。五月、辻が野枝の従妹と関係をもったことをしり、ショックをうける。一一月、次男の流二を出産。

一九一六(大正五)年(二一歳)　二月、大杉栄と恋愛関係にはいる。堀保子、神近市子との四角関係。四月、流二をつれて、辻の家をでる。千葉御宿の旅館へ。六月、カネがなくなり、流二を里子にだすことに。貧乏はつらいよ。九月、東京で大杉と同棲をはじめる。一一月、葉山日蔭茶屋事件。大杉が神近に刺された。見舞いにいった野枝は、神近の友人から暴行をうける。チキショウ。

一九一七(大正六)年(二二歳)　大杉との極貧生活。九月には、長女の魔子を出産。一二月、亀戸に住むことに。

一九一八(大正七)年(二三歳)　一月、大杉と『文明批評』を創刊する。三月、「とんだ木賃宿事件」。大杉が拘束され、なかなかでてこないので、内務大臣後藤新平に怒りの手紙をおくった。野枝いわく、「あなたは一国の為政者でも私よりは弱い」。七月、魔子をつれて今宿へ。大杉も合流し、親戚に紹介した。みんなにいい男だねといわれる。八月、大阪を経由して、東京へ。大杉は米騒動をみてから帰京した。

一九一九(大正八)年(二四歳)　一〇月、友愛会婦人部主催の婦人労働者大会に出席。閉会後、控え室で政府よりの立場をとっていた田中孝子に罵声をあびせかける。同月、大杉とともに『労働運動』(月刊)を創刊。一一月、ストライキ中の三秀舎の女工からはなしをきいて、記事をかいた。一二月、次女のエマを出産。

一九二〇(大正九)年(二五歳)　四月、鎌倉に移転する。このころから、ミシンにはまる。一〇月、大杉はコミンテルンの極東社会主義者会議にでるため、上海に密航。

一九二一(大正一〇)年(二六歳)　一月、大杉は第二次『労働運動』(週刊)を創刊。アナ・ボル協同路線をとった。野枝は同人になっていない。三月、三女のエマを出産。四月、社会主義婦人団体・赤瀾会が発足し、野枝は顧問格として参加した。一一月、逗子に移転。このころから、写真にはまる。一二月、大杉とともに第三次『労働運動』(月刊)を創刊。ふたたび、アナキズム色を鮮明にする。

一九二二(大正一一)年(二七歳)　六月、四女のルイズを出産。一〇月、本郷区駒込の労働運動社へ移転。野枝は、エマとルイズをつれて帰郷した。一二月、大杉は国際アナキスト大会に出席するため、日本を脱出。上海を経由してフランスへ。野枝は東京にもどり、労働運動社で留守番だ。

一九二三(大正一二)年(二八歳)　五月一日、大杉がパリ郊外、サン・ドニのメーデーで逮捕され、国外退去を命じられる。七月、野枝は魔子をつれて神戸へ。大杉の帰国をむかえいれる。八月、大杉とともに、淀橋町柏木に移転。そこで大杉との長男、ネストルを出産した。九月一日、関東大震災。一六日、大杉と甥っ子の橘宗一とともに、甘粕正彦ひきいる憲兵隊に拘束される。三人とも虐殺された。国家の犬どもにぶっ殺されたのである。チキショウ！

あとがき

ただ私がこの年月の間に学んだことは「恋は、走る火花、とはいえないが、持続性をもっていないことはたしかだ。」ということです。が、その恋に友情の実がむすべば、恋は常に生き返ります。実を結ばない空花《あだばな》の恋は別です。実が結ばれれば恋は不朽です。不断の生命をもっております。その不朽の恋を得ることならば、私は一生の大事業の一つに数えてもいいいと思います。*

いざとなったら、太陽を喰らえ

この本をかいているあいだに、かの女ができた。三年ぶりだ。まだつきあいたてということもあって、ひたすら愛欲にふけっている。好きで、好きで、好きで、どうしようもないほど。セックスだ。もちろん性的衝動もおおきいのだが、とはいえそればかりじゃない。心も体もマジでぶつかればぶつかるほど、わかってくるのは、ひとつになっても、ひとつになれないよ、自分とはまったくの別人であるということだ。でもだからこそ、そのかけがえのない異質な相手にたいして、手探りでやさしくしたいとおもう。泣いて、笑って、ケンカして。そのうちに、自分にはあんなよろこびもあったのか、こんなよろこびもあったのかと気づかされる。あたらしい自分を手にしよう。あのひとといれば、あんなこともできる、こんなこともできる、もっとできる、なんでもできる。そうやって、たえずあたらしい自分にうまれかわっていく。力の成長、不断の生命。きっと、それが野枝のいう友情をはぐくむ行為というものなのだとおもう。

しかしおもえば、この数年、わたしはモテたい、恋愛がしたい、セックスがしたいと公言していて、いいなとおもう女性がいたら、がんばってお酒にさそってみたり、デートをかさねてみたりしたのだが、結果はさんたんたるものであった。「オマエ、マジで死ねだ」とさけばれたり、新宿のらんぶるという喫茶店で、土下座をさせられたりと、完膚《かんぷ》なきまでにうちのめされた。で、なんでそうなったのかというと、たぶん友情がなかったからなのだとおもう。わたしはいま三六歳。この歳で同年代の女性とつきあうためには、どうしても、これからどうやって生きていくのかということがつきまとってくる。でもわたしの場合、このまま稼ぎなんてなくてもいいから、とにかく本をよんだり、文章をかいたり、めいっぱいやりたいことをやってみたいとおもっている。むこうからしたら、そんな人間が好きだといってくるのは、自分をバカにしているとしかおもえないのだろう。

たとえば、おない年くらいの看護師の子とデートをかさねたことがあった。ある日、その子に、六本木ヒルズにさそわれ映画をみて、たのしくすごしたのだが、その帰り道のことだ。わたしたちのまえを、スッとホームレスのおじさんが横切った。すると突然、かの女がピリピリしはじめて、ボソッとこうつぶやいた。「なんであんなのがここにいるのよ」。わたしはききまちがいかとおもって、「えっ」といってみると、こうつづけた。「みんなここをキレイにしよう、ここにいるからにはキレイになろうとがんばっているのに、台無しじゃない、きたならしい」。

わたしはそれをきいてムッとしてしまい、「ぜんぜん意味がわからない」といったのだが、まずいことに、こんどはかの女の怒りが、こっちにむいてしまった。「だいたい、あなたお酒もタバコもやるって、それホームレス予備軍だからね、わかる？くさいし、きたないし、ここを汚してみんなに迷惑をかけているの、わかる？　アルバイトをしながら文章をかくとか、それも自殺行為としかおもえないし、わかる？」

わたしはなんだかグッタリしてしまって、無言になってかの女とわかれ、そのまま縁をきることにした。まあ、そのあとメールですげえどやされて、やばいとおもい、新宿のらんぶるであたまをさげたのだが、きっと友情がないというのは、そういうことなんだとおもう。

そんなこんなで、いまのかの女だ。わたしがかいた本もよんでくれていて、初対面のころから口ぐせのように、カネのことばかり考えて、ただ生きのびさせられるのはうんざりだ、おもうぞんぶん好きなことをやって生きていきたいといっている。それで、つきあいはじめて二週間目くらいのことだったろうか。かの女から「なにかおすすめの本はありませんか」ときかれたので、坂口恭平さんの『〇円ハウス』(リトルモア)をすすめてみた。かの女は不動産屋ではたらいていて、住むことに興味をもっているといっていたので、ちょうどいいとおもったのだ。われながらいい本をすすめてしまった。そうおもっていたところ、翌週、かの女の家にさそわれた。わたしはかんぜんにエロいことばかり考えていたのだが、ご飯を食べているときに、かの女に真顔でこうたずねられた。「栗原さんは、わたしにホームレスになれというのでしょうか?」あれ、これやばいやつかもしれない。〇円ハウスというのは、世間一般ではホームレスとよばれている人たちのブルーテントのことだ。学生時代、建築学をまなんでいた坂口さんが、隅田川のブルーテントを見学したとき、あまりの快適さにびっくりして、これは家だということで、おカネのかかっていない家、〇円ハウスと名づけたのである。じっさい、坂口さんがみた家は、たんなる寝床どころじゃなく、ソーラーパネルとか、ひろってきた発電機とかを工夫して、オール電化も実現していたらしい。あとは公園にいけば水道もおフロもあるし、スーパーにいけば捨てるはずの野菜があるし、本がよみたければ本棚は図書館にある。稼ぎなんかなくても、たいていのことはなんとかなってしまうのだ。

とまあ、そんないいはなしなのだが、しかし、どうしても六本木ヒルズの悪夢があたまをよぎる。怒られたくない、怒られたくない。わたしは動揺しながら、「い、いや、いざとなったら、なんとでもなるということをいいたかっただけで」と、ちょっとヒヨッたことをいってしまった。すると、かの女はケラケラと笑いながらこういった。「そうですか、わたしの親友は光合成で生きていこうとしているんですよ」。なにをいっているのだろう。わたしがけげんそうな顔をしていると、その疑問にこたえるかのように、かの女はこういった。「でも、まだ太陽光ではたりないみたいで、一日にひとつだけ、フルーツを摂取しているんです」。いや、そういうことがききたかったんじゃなくて、とおもいつつも、かの女のいわんとすることはよくわかった。いざとなったら、なんとでもなる。その方法はいくらでもあるということだ。オール電化のブルーテントどころではなく、ソーラーパネルそのものになったっていいんだと。わたしが「そりゃいいね」といっていると、かの女はさらにつづけた。「ブルーテントもいいですけど、これからいっきに空き家もふえていきますし、もっといろいろとやりようがあるでしょうね」。考えてみると、わたしの友人の白石嘉治さんも、これからは地方のみならず、都心や郊外でも、築三〇年以上のタダ同然の家がふえてくる、それをあえて〇円ハウスとよんでみよう、あとはそのうばいかたを、山賊《さんぞく》的な生活のしかたを考えていけばいいだけだといっていた。たぶん、かの女もおなじことをいっていて、しかも不動産屋ではたらいているだけあって、わたしたちとはちがう、もっと具体的ななにかがみえていたのだとおもう。心強いことだ。自分ひとりじゃみえなかった視野がどんどんひらけてくる。きっとこれがひとつになっても、ひとつになれないよ、友情をはぐくむということなのだとおもう。東京スラム戦争。いざとなったら、太陽を喰らえ。

はじめに行為ありき、やっちまいな

さて、ながながと自分のはなしをしてしまったが、いいたかったのは野枝のよさもそこにあったんじゃないかということだ。いざとなったら、なんとでもなる。おさないころから、そういう実感をもっていた。なにがなんでも、好きなことをやってやる。本がよみたい、勉強がしたい、文章をかきたい、もっとおもしろいことを、もっとするどいことを。それをやらせてくれるパトロンを、友人を、恋人をじゃんじゃんつくる。代準介、辻潤、平塚らいてう、大杉栄などなど。恋人だってほしいし、セックスだってたのしみたい。子どもだってつくってやる。うまいものをたらふく食べることだって、あきらめない。これすごいのは、ふつうどれかひとつをやったら、どれかをあきらめざるをえなくなったりするのだが、野枝はちがうということだ。ぜんぶやる。欲望全開だ。稼ぎがあるかどうかなんて関係ない。友人でも親戚でも、たよれるものはなんでもたよって、なんの臆面もなく好きなことをやってしまう。わがまま、友情、夢、おカネ。きっと、この優先順位がしっかりとわかっていたひとなんだとおもう。

もちろん、障害にぶつかることだってある。野枝にとって、そのさいたるものが「家」であった。死ぬ気で、たたいてこわして逃げる。たとえつっぷし、血ヘドをはかされても、なんどでもたちあがってやれと。じっさい、男五人に囲まれて、死ぬほど腹をけりとばされたこともあった。へっちゃらだ、ど根性。じゃあ、なんでそこまでして、家にあらがったのかというと、その起源が奴隷制だからである。女は、男によって家に囲いこまれると、生殺与奪《せいさつよだつ》の権をにぎられてしまう。ようするに、主人の財産、商品、家畜としてあつかわれるのだ。奴隷である。女は、家のしごとから性的な奉仕まで、なんでもいうことをきかなくてはならない。いうことをきかなければ、それは不良商品であり、いつ捨てられても、ぶっ殺されてもしかたがない。そういう死の恐怖にさらされて、奴隷の生をうけいれさせられてきたのである。

そうはいっても、主人の側からしても、いつもおどしをかけているのでは手間がかかる。それで男女の契約だの、愛の契《ちぎ》りだのといって、すすんで奴隷にしたがってもらうしくみが考案された。結婚制度だ。女は妻としての役割をまもっているかぎりは、人間性をみとめられる。近代家族といわれるようになると、むきだしのままに女性を奴隷あつかいするのはさけられるようになる。でも根っこはかわっていない。女が妻の役割を放棄して、夫以外の男性とセックスをすると、むやみやたらと責めたてられる。不倫だ、クソだ、アバズレだと。男が外で遊んでも、モテていいねといわれるのとはえらいちがいだ。

しかも家庭外でセックスをする女性たち、とりわけ性を商品として売っている娼婦《しょうふ》たちは、それを仕事としてやっているのにハシタナイとか、賤業婦《せんぎょうふ》とかいわれてしまう。ほんとうは主婦だって、家庭に囲いこまれ、みずからの生を、性を商品にさせられている点ではおなじなのに、ひどいものだ。ひどいものなのだが、でもそれをおおいかくすかのように、あいもかわらず家族道徳が説かれている。男女がセックスをしたら、一体化したような快感をあじわうだろう、愛しあうカップルはひとつになれるんだ、契りをかわして結婚しようよ、家庭をつくろう、それがひととしての自然なんだ、だからそれをこわしてはいけないと。ウソッぱちだ。ひとはひとつになっても、ひとつになれないのだから。でも、ひとつになれるとおもいこむことによって、みんな夫とか妻とか、そういう役割をすすんでひきうけてしまう。ときに家庭外の奴隷たちを排除しながらである。奴隷根性だ。チクショウ、チクショウ。そんなのぜったいゆるせない。きっと、野枝が生涯をかけてぶちこわそうとしてきたのは、これだったんじゃないかとおもう。

いまだったら、そこに建物としての家を築くということもふくまれている。しあわせな家庭を築くということは、マイホームをもつということとおなじことだ。ひとも土地もしあわせも、すべてはカネでとりかえがきく。所有できるのだ、なんだって。三五年ローンをくんで、それを返済しつづけるのが、一家の主《あるじ》、あるいはそれをささえる妻の役割だといわれている。借りたカネを返せなければ、ひとでなし。それにくわえて、マイホームを手放すということは家庭を放棄することだとおもわれている。不倫みたいなものなのだ、それは。そういわれないためにも、自分のやりたいことなんてうっちゃって、とにかくカネになることだけをやろうとする。共働きをするのでも、家計のやりくりをするのでも、子どもを就職させるのでも、そういうことだ。借金人間。それは文字どおり、奴隷の生をいきるということだ。

しかもこわいのは、ほんとうのところ、いまじゃマイホームをもてるようなひとは、ほとんどいなくなっているはずなのに、中低所得者でもローンがくめるようになっていることだ。『フリーター、家を買う。』というドラマでやっていたのだが、貧乏な若者でも親といっしょにだったらローンをくめますよとか、ヘンなしくみがたくさんある。みんな借金で奴隷になる。そうやって身を粉《こ》にしてはたらいて、がんばればがんばるほど、せっかく買ったわが家なのだから、その価値をさげてはいけないとおもってしまう。自分が住んでいる地域の、土地の値段がやたら気になる。きたないものはおことわり、街をキレイにいたしましょう。タバコはダメだ、ホームレスはおいだせ、街をよごすからと。街の浄化で地価をあげよう。そして、みんながそうしているとおもいはじめたら、どこにいってもおなじことをもとめるようになってしまう。男女性別を問わず、六本木ヒルズにいってもどこにいっても、いつでも家を意識して、不埒《ふらち》なことをしないようにと、すすんで身を律してしまうのだ。あきらかに、「村」がたちあがっている。

いま野枝が生きていたら、なんというだろうか。おそらく、むかしとおなじことをいうだろう。もしも家の呪縛《じゅばく》にとらわれているのなら、自分の身がみえなくなるまで、真っ暗な闇へと突っ走っていけ。逃げろ、もどるな、約束まもるな。そして好きなだけ本をよみ、好きなだけうまいものを食って、好きなだけセックスをして生きるのだと。もしかしたら、そんなことをいっていると、いやいやそれじゃ生きていけなくなるよというひともいるかもしれない。でも、野枝だったらこういうだろう。おちついてまわりをみてください。だいたい、なんとかなっているでしょう。無政府は事実だと。貧乏に徹し、わがままになれ。友だちがいれば百人力。あの友だちがいれば、これもできる、この友だちがいれば、あれもできる。いざとなったら、なんとでもなる、なんでもできる。汝《なんじ》、中心のない機械になれ。それをさせないなにかがあるのなら、いつだって米騒動だ、借家人《しゃくやにん》運動だ。乞い願うものにはあたえられず、強請《きょうせい》するものには少しくあたえられ、強奪《ごうだつ》するものにはすべてをあたえられる。村に火をつけ、白《は》痴《ち》になれ。ひとつになっても、ひとつになれないよ。はじめに行為ありき、やっちまいな。

さて、本書の執筆にあたっては、おおくの方々にお世話になった。とりわけ、友人の五井健太郎くんには、恋愛がらみでたくさんのアドバイスをいただいた。ありがとう。また山泉進先生は、本書の企画を進めるために推薦してくださった。ありがとうございます。それから、故・堀切利高先生にも。先生が遺《のこ》してくださったすばらしい全集のおかげで、本書をかくことができました。ありがとうございました。もちろん、担当編集者の渡部朝香さんにも。毎月、一章分かくごとに過分なおことばをいただき、そのおかげで調子にのってかききることができました。感謝です。さいごに読者のみなさまにも。ここまでおつきあいいただき、ほんとうにありがとうございました。残念ながら、野枝さんはぶっ殺されてしまいましたが、その思想を生きるということは、わたしたちにもふつうにできることなんだとおもいます。はじめに行為ありき、やっちまいな、ということで。またどこかでお会いしましょう。さようなら。

二〇一六年元旦

栗原　康

＊伊藤野枝「私共を結びつけるもの」『定本　伊藤野枝全集』第三巻、學藝書林、二〇〇〇年、三五八頁

岩波現代文庫版あとがき

あなたは一国の為政者でも私よりは弱い

「あなたは一国の為政者でも私よりは弱い」。シビれる。好きなことばだ。本文でも紹介したが、これは一九一八年三月、伊藤野枝が内務大臣、後藤新平宛てにおくった手紙の一節だ。大杉栄が逮捕され、その後、ぜんぜん釈放されないので、警察のボスにあたる内務大臣におまえふざけんなよとケンカを売ったのである。じゃあ、なんでこのことばが好きなのかというと、たんにかっこいいということもあるのだが、それだけじゃない。端的に、野枝の思想をあらわしているとおもったからだ。

いつの時代も、為政者というのは権力をふるうことしか考えていない。国家のため、経済のために、民衆をどうやってしたがわせるのかそれだけだ。でも民衆はちがう。いつどこでどう化けて、どんなうごきをするのかわからない。とつぜんありえないことをしでかすかもしれない。そんな得体のしれない力を秘めているんだ。じっさい、このあと前代未聞の米騒動がまきおこる。だから、野枝はいいたかったんだとおもう。

民衆をなめるな、女をなめるな、わたしをなめるなと。よろしくな。

だけど、このことばがいまでもだいじだとおもったのは、本書をかいたあとのことだ。この本を世にだしたあと、いろんな人たちから反応をもらって、うれしいおことばもたくさんいただいたのだが、ひとというのは不思議なもので、ホメられたときよりも「えっ？」とおもったときのほうが記憶にのこっているものだ。これはあるメディアでインタビューをうけたときのこと。インタビュアーのかたはめっちゃていねいで、ほとんど好意的な質問をしてくれたのだが、ひとつだけ真顔でこんなことをいわれた。「伊藤野枝は結婚制度を否定しています。でもそんなことをいっていたら、この少子化の現状を加速させることになりませんか。それでいいんですか？」と。いいんです。

さいしょ、なんでそんなことをいうのかわからなくてとまどってしまったのだが、すこし考えてわかったのは為政者目線なんだ。国家というのはおそろしいもので、こうあるべきだとそのあるべきすがたをかたっていると、しらずしらずのうちに、みんな自分が大臣や官僚であるかのようによそおいはじめてしまう。ちょっと偉くなったみたいだ、きもちいい。しかもそれをくりかえしていると、だれもが為政者として発言するのがあたりまえになってくる。庶民なのにね。しかも政治に関心があるひとほど、そういう思考にからめとられやすいのがやっかいなんだ。

さっきの少子化問題だったら、こういうだろう。人口が減れば、税収がなくなる。国家存亡の危機だ。たいへんだ。じゃあ、積極的に人口管理をいたしましょうと。でもそれって、国民は納税するためにうまれてきた動物だ、たくさんふやして税収をあげなくてはならないんだ、だから女は子どもを産まなければならないんだといっているようなものだ。それが女として生産的であるかのように。すこしまえ、自民党の杉田水脈《みお》という議員が「LGBTは非生産的だ」みたいなことをいって批判されていたけど、しょうじき、いっていることに変わりはない。お国のために子どもをつくれ。産めヨ、殖やせヨ。勤労奉仕だ、お母さん。戦時中かよ。

だから声を大にしていっておきたい。なんで国家のために子どもをつくらなくてはいけないのか。なんで税収のためにセックスをしなくてはいけないのか。関係ないぞ。わたしはただセックスがしたいんだ。なにかのためじゃない、だれかのためじゃない、ただやりたいんだ。やらせろ、セロセロ。人間は納税動物ではない、女は子どもを産むための家畜ではない。あたりまえのことからはじめよう。国家は経済のことしか考えない。カネ、カネ、カネ。カネの秩序だ。国全体を意識させて、さわぐやつらをだまらせる。税収が減ったら、より弱いものたちがこまるんですよ、したがいなさいと。

ウソツキだ。いま、そういう為政者目線があたりまえになっているんだとしたら、一〇〇回でも一〇〇〇回でもつぶやいてやりたい。「あなたは一国の為政者でも、わたしよりは弱い」。この秩序だらけの世界にドロップキック。伊藤野枝はだまらない。

吹けよあれよ、風よあらしよ

もしかしたら、大正時代の国家はそんなものだったかもしれないけど、現代はちがうんじゃないかというひともいるかもしれない。でも、ほんのすこしでも東日本大震災のときをおもいだしてほしい。わたしは埼玉在住なので地震はドヒャアくらいだったのだが、福島第一原発の建屋がふっとんで放射能がとびちっていたとき、政府が「ただちに健康に被害はありません」「パニックをおこさないで」とくりかえしていたのが、いまだにわすれられない。みんな東京から逃げだしたら、経済がとまってしまうからだ。いざというとき、国家は人命よりも秩序をまもる。

じつはさいきん、震災のことをおもいだすようになっていた。きっかけは数か月まえ、トークイベントで仙台によんでもらったことだ。トークではアナキズムのはなしをしてきたのだが、そのあと深夜三時くらいまで飲んで、しかも予約していたホテルがとれていなかったので、ベロベロになりながら、よんでくれた友だちのご実家に泊めていただくことになった。で、ほんとうは翌朝、鶴岡で山伏《やまぶし》をやっている友人が車でむかえにきてくれて、かれの家に遊びにいくことになっていたのだが、なかなかこないので電話をしたら、どうもスズメバチに後頭部を刺されてぶったおれていたらしく、「病院で点滴をうったら復活してきたので、夕方までまっていてね」とのことだった。山伏いわく、「さいきん、なにかに狙われているとおもっていたんだよね」。なにと闘っているのか。超人だ。

そんなこともあって手持ちぶさたになったので、どうしようかとおもっていたら、泊めてくれた友だちのお父さんが、せっかくなので被災地をみていきませんかとさそってくれた。津波の被害がおおきかった閖上《ゆりあげ》という地域だ。名取《なとり》市というところにあるのだが、五千人ほどいた人口のうち、千人ちかく犠牲《ぎせい》になったところだ。どうも震災直後、わたしたちがみていた津波の映像、家や車がながされていたというのは、その閖上の映像だったのだという。仙台市内から車で三〇分ほど。お父さんがぜひここをみてほしいというので、日和山《ひよりやま》というところにのぼった。山頂、六メートルほどの低い山だ。

もともとそこには、一九三三年、昭和三陸大地震のときにたてられた石碑があったんだという。「地震があったら津波がくる、とにかく逃げろ」みたいなことがかかれたものだ。津波テンデンコ。ちなみにその石碑、こんかいの津波でふっとばされたものの、海には流されずに街にポツンとのこっていたんだそうだ。この山はそういう石碑がたてられるだけあって、街を一望できるし、海もみえるので、津波のキケンを考えるのに象徴的な場所なんだという。お父さんから、そんな説明をききながら山をのぼっていくと、まずおどろかされたのは街の風景だ。かんぜんにさら地。なんにもない。それだけでもショックだったのだが、ビビったのはそのあとのことだ。うしろをふりむいて海をみようとしたら、海がみえない。たかい防波堤ができていて、海がぜんぜんみえないんだ。マジかよ。

わたしがキョトンとしていると、お父さんがおしえてくれた。どうも国から復興補助金がでたらしく、それで山を削り、その土を閖上の土地に盛って、さらにそのうえに防波堤をつくっているんだという。閖上だけじゃない、そういうのを海岸一帯につくろうとしているんだ。狂ってる。万里の長城かよ。「津波はつねに人間の予測をこえてきます。政治家もそれはわかっているんです。でも防波堤をきずけば、土建屋にカネがまわるでしょう。経済がうるおう。これだけの犠牲がでても、政治というのはそういうことしか考えないんですよ」。じつはお父さん、前日のイベントにもきてくれていたのだが、アナキズムのはなしをきいて、すごく腑におちたといってくれていた。たぶん、わたしなんかよりも国家とはなんなのか、肌でわかっているんだとおもう。

でもだからこそ、ひとは日和山にのぼっていく。災害は必然だ。これまであたりまえだとおもってきたものが一瞬で消えさってしまう。とても残酷で、くやしくて、かなしくて、こらえた夜、なんともいえない、どうしようもない。しかし、そのまっさらな大地をみつめながら、血涙《けつるい》をながして石碑をたてたとき、そしてことばにならないことばをそこに刻みこんだとき、ひとはゼロになって、なんのしばりもなく真にものを考えはじめるんだとおもう。カネのためじゃない、国家のためじゃない。なにかのためじゃない、だれかのためじゃない。ただなにごとかにむかって、この身体が駆りたてられていく。死してなお踊れ。というわけで、はなしを伊藤野枝にもどすと、かの女にとっても生命というのは、そういうものだったのだとおもう。「吹けよあれよ、風よあらしよ」。壊れながら思考せよ。ちくしょう、海もみえない。

いつも心に伊藤野枝を

おもえば、伊藤野枝は災害みたいなひとだった。嵐みたいなひとだったといったほうがいいだろうか。野枝がほんきでうごくと、みんなで積みあげてきたものがのきなみぶっつぶれていく。もちろん、のぞんでそうしていたわけではない。ただひとを好きになったり、好きに本をよんだり、文章をかきたいとおもっただけだ。だけどそれでみんながだいじにしてきたものがふっとんでしまう。野枝にとっては、日蔭茶屋《ひかげぢゃや》事件がおおきかっただろう。恋愛スキャンダルで、『青鞜《せいとう》』をおわらせてしまったわけだし、大杉栄にしても、冬の時代をのりこえて、やっとのことできずきあげてきた社会主義者の運動をぶっ壊すことになってしまったのだから。スッテンコロリ、おしまいだ。

しかし人間というのは、現にある可能性がすべてうちくだかれたとき、なにかにみちびかれるかのように、まったく別の生をいきはじめるものだ。野枝だったら、結婚制度を攻撃しはじめて、主人でも奴隷でもない、夫でも妻でもない、あたらしい男女関係をみいだそうとしていく。しかもその思考はとどまることをしらない。たとえ結婚なんかしないといっていても、いっしょにくらしていて妻の役割をしてしまっていたらおなじことだ。だから無意識のうちに大杉にお茶をだしてしまって、よき妻を演じている自分に気づいたとき、野枝はそんな自分すら壊そうとする。どんまい。

しかも野枝がおもしろいのは、結婚制度という枠をこえた男女関係についてはなすとき、子どもにでもかたりかけるように、わかりやすい例をつかって説明してくれることだ。本文ではミシンのはなしにふれたが、わたしがもうひとつ好きなのは、大杉と共同で訳していたファーブル『科学の不思議』をもちだしたりすることだ。たとえば、子どもの性教育はどうしたらいいかとききかれて、野枝はこうこたえている。ファーブルの花粉のはなしをよめばよろしいと。いまの日本では、男女の教育が隔離されていて、それぞれの性別とあるべきその役割がおしえこまれているけれども、そんなの花粉のはなしでもすれば、一発でふっとびますよと。

ちなみに、野枝はそれ以上つっこんだはなしをしていないけど、いわんとすることはあきらかだ。花というのは、生殖のために雄しべから雌しべにむけて花粉をとばす。でも風でとばすには限度がある。だからハチとかハエとか虫にたすけてもらうんだ。しかしそのためには虫を誘惑しなくてはいけない。どうするか。なりふりかまわずだ、自分が花であることを捨てるしかない。虫をひきつけて花粉をくっつけるために、ここに甘い蜜がありますよと、あざやかな色で誘惑する。それでもダメなら、虫が好きそうなニオイをだしてひきつける。それもダメなら、虫が交尾したそうなかたちになってみる。雄しべもメスだ。そうして花粉をはこんでもらっているうちに、花はありえない色に、ありえないニオイに、ありえないかたちになっている。もうなにが花というものだったのか、よくわからなくなっている。花として大失敗、自己破壊だ。白《はく》痴《ち》の生がみだれ咲く。

野枝は人間だっておなじだという。もじどおりセックスをするのでも、なかまと共同生活をするのでも、たえず虫とともにあゆんでいくというかんじだろうか。他人といっしょに生活するといっても、ひとつの「家」をつくって、それをおおきくしていくということではない。男はこうあるべきだとか、女はこうあるべきだとか、そういう既存の「人間」の枠をぶち壊して、なりふりかまわず生きていく。するとぜんぶなくしたそのさきに、かならずありえない色が、ありえないニオイが、ありえないかたちがあらわれる。ありえない人間に、ありえない女になっていくんだ。本文では、なかまたちとの不思議な共同生活を紹介したが、もし野枝が長生きしていたら、もっともっとわたしたちが予想もつかないようなことをやらかしてくれたんじゃないかとおもう。災害だ。壊れながら思考せよ。ひとつになっても、ひとつになれないよ。

さて、あまりながくなってしまってもあれなので、このくらいにしておこう。いいたかったのはこういうことだ。国家というのは、いつも人間を生産性ではかりにかける。税金をはらえるか、子どもを産めるのか。それができないと、すぐに危機感をあおる。そんなことをいっていたら、みんなが破滅しますよと。だけど、野枝の想像力はいともかんたんにそれをとびこえていく。だって、はじめから破滅したあとの世界を生きているのだから。なにかのためじゃない、だれかのためじゃない。やりたいとか、やりたくないとか、そんな理由すらなくたっていい。なぜという問いなしに生きる。やっちまいな。その力はどんな為政者よりもはるかにつよい。おらつよくなりてえ。いつも心に伊藤野枝を。

＊

謝辞です。単行本にひきつづき、文庫も担当してくださった渡部朝香さん、ありがとうございました。わたしはふだんひきこもりなのですが、渡部さんにこの本をだしていただいたおかげで、素敵な人たちとたくさんお会いすることができました。今回、解説をおひきうけいただいたブレイディみかこさんもそのひとり。ブレイディさん、お忙しいなか、ほんとうにありがとうございました。感謝です。飲みにいきたい。そしてあらためまして、読者のみなさまにも。最後までおつきあいいただき、ありがとうございました。またお会いしましょう。さようなら、ごきげんよう。

二〇一九年一二月

栗　原　康

解説　『村に火をつけ、白痴になれ』を語るとき、人は羨望し、祝福する

ブレイディみかこ

ダブル・マーマイトの爆裂本

村に火をつけ、白痴《はくち》になれ。……村落に放火するだけでも大変なことなのに、そのうえ白痴になれとは何事か。これでもかと言わんばかりのダブルパンチで、右から左から人の頬を打ってリングに沈めるようなタイトルだが、この組み合わせこそ本書の魅力の本質を表していると言えるだろう。

伊藤野枝と栗原康。

このコンビネーションがまずダブルパンチ、いや、ダブル・マーマイトなのだ。英国には、マーマイトという、好きな人はめっちゃ好きだが、嫌いな人はとことん嫌いという真っ黒な食品(黒いんですよ、チョコレートでもないのに)がある。だから賛否が分かれる個性的なもののことを「マーマイトみたいな映画」とか「マーマイトみたいな

服」と言ったりするのだが、伊藤野枝と栗原康はまさに二人ともマーマイトみたいな人物だ。マーマイト×マーマイト、黒×黒(注：ロイヤルホストのハンバーグではない)の組み合わせが生んだ爆裂本、それが本書なのである。

単行本出版時、この本は、あらゆるリベラル系の女性著述家が書評を書いたのではないかというぐらい、女たちのこころの何かを撃ち抜いた。男性が書いた女性の評伝で、ここまで女性読者を熱狂させた例がかつてあったのだろうか。この点は、栗原康の書き手としての稀有《けう》な個性だとわたしは思っていて、あるとき、

「栗原さんって、女性を書くとすごくいいよね」

とご本人に言ったら、

「たぶん、僕が女性になりたいと思ってるからじゃないですかね」

という答えが返ってきて、いろんなものが腑に落ちたことがあった。

話はちょっと逸脱するが、英国には労働党という一般に左派と呼ばれている政党がある。で、右派と言われる保守党は過去に二人の女性首相(サッチャー元首相、メイ元首相)を輩出しているのに対し、労働党は(誰かが死亡したときや辞めたときの代行を除けば)女性党首さえ存在したことがない。そのため、実はミソジニーや女性蔑視《べっし》というものは、ボーイズ・クラブになりがちな左派界にこそはびこっているのではなかろうか、

というようなことがよく指摘されるが、確かに、「男女平等を実現する」と「女性になりたい」では、そのスタンスは根本から違う。

なるほど、栗原康は、本書で辻潤や大杉栄になって伊藤野枝を愛したかったのではなく、自分が野枝になって彼らに愛されたかったのか。と思えば本書が女性たちに与えたインパクトの出どころがちょっとわかる気がする。

雨宮まみさんの書評

女性の書き手たちによる絶賛書評のなかでも、とくにわたしの記憶に残っているのは、雨宮まみさんのものだった。

これはやばい。やばい。やばい。三回書くけどやばすぎる。面白すぎて死にそうだ。野枝そのものが面白すぎるしすごすぎるのに、それを栗原さんが書くんだから もう5倍増しぐらいのインパクトになっている。書店で見かけたら周りの本を全部なぎ倒したくなる。「今読むべき本はこれだけでいい！」と叫びたくなる。

（雨宮まみ「本でいただく心の栄養」#7『SPUR.JP』二〇一六年六月二〇日更新）

尋常《じんじょう》でない筆の勢いだが、ものすごい衝撃を受けたらしいことが伝わってくる。雨宮まみさん、と親しげに呼んだが、わたしは彼女と面識はなかった。ただ知っているのは、彼女もわたしと(そして伊藤野枝と)同じように福岡の出身であったことだ。書評の中盤になると、雨宮さんはこんなことも書いていた。

実は私はこの本を読むのが怖かった。だって、約束がないと怖い。なにかが奪われそうで怖い。失いそうで怖いから約束が欲しい。そういう自分の弱いところを徹底的にぶっ叩かれそうで、本当に怖かった。

しかし、そんな心配は無用で、真に人を勇気づけるものは他者を叩きのめしたりしない、どう生きてもいいというのが野枝の思想だったんだと、熱い言葉を叩きつけた後で、彼女は書評をこう締めた。

こんなに面白くていいんだろうか。面白すぎるせいでだまされちゃってるんじゃないか、私は。それくらい魅力のある、おそろしい本でもある。

ここまで読んだとき、ひやりと冷たい水を頰に浴びせられた気がした。

そしてその冷水の感覚がずっと記憶に残った。

水。といえば、伊藤野枝はかなりの泳ぎ手だったという。彼女が立っただろう今宿《いまじゅく》の浜辺には、わたしも幼い頃から日常的に立つことがあった。そしておそらく彼女がそうしたように、海を見ていた。

わたしの母は、「海を見ていると自分自身や自分の悩みがちっぽけなものに思える」とよく言ったが、わたしは逆だった。浜辺に立つと、何か自分がとてつもなく大きなものになる気がした。海の向こうにはここことは違う世界が広がっている、と思うだけで、わたしは新世界にひとりで対峙している巨人になった。で、能古島《のこのしま》だろうが韓国だろうがすいすい泳いで行けそうな気がした(そんな気がしたから少女時代の野枝も泳いで能古島まで渡ったりしたのだろう)。

この自我の拡張感みたいなものは、野枝にもあったと思う。だから、長く生きていたら、野枝はたぶん大杉を捨て、日本も捨て、そして、もはやとても泳いでは渡れない距離の新世界へと渡って行き、アメリカやアフリカや欧州、各大陸の男たちと恋に落ち、それにも飽きたらこの惑星も捨てて宇宙人の子を産んでいたかもしれない。

が、ここまで書いたところで、雨宮まみさんの冷水の感覚が蘇る。

野枝がスーパー・ガールだったと思いたいのは後の世の人間の勝手な妄想であり、実像はもちろん別物だった。実際、野枝は、辻や大杉と一緒になる前に、アメリカに行きたいばかりに結婚しようとして失敗している。わりとしょぼいところがあるのだ。それにこういう自我の拡張感をもって生きようとする女は、せせこましい日本では生きられなくなり、最後には殺されてしまった。

雨宮まみさんが、本書を「おそろしい本」と呼んだのは、そういうところだったのだろうか。

いまの世に必要な「野枝性」

わたしは個人的には伊藤野枝より金子文子《ふみこ》のほうが好きだ。だいたい野枝のようなモテる女の考えることはわからないので、セルフメイドの文子のほうに気持ちが入る。だが、本書を読んでギクッとしたのは、野枝が子どもの頃、ひとりで家族全員分の冷《ひ》や飯《めし》を食べてしまって、「あのときほど姉の強欲《ごうよく》さがこわいとおもったことはありません」と妹に言われている部分だった。実は、わたしも十代の頃、妹から「世界最強のわがまま女」と書かれたバースデー・カードをもらったことがあり、うちの妹はそんな攻撃的なことをする性格ではないので、よっぽど常日頃のわたしの在り方に怒っていたのだろう。積年のうっ憤が爆発したような、毒々しいほどカラフルで自我が拡張しすぎた感じの女が仁王《におう》立ちしているイラストまで描かれていたので、「はて？わたしが何を？」と衝撃を受けたことがあった。が、おそらく無神経な人間というのはそういう風に周囲に迷惑をかけたり、嫌な思いをさせても気づかないのだ。

とは言え、わがままさ、無神経さ、強欲さは、裏を返せば、「わたしはわたし自身を生きる」(金子文子)、「ネヴァー・マインド・ザ・ボロックス」(セックス・ピストルズ)、「やりたいことしかやりたくない」(栗原康)といったアナキーなアティテュードにも繋がるのであり、このことがよく示しているように、世の事物は正邪の二分割ではぱっきりと割り切れるものではない。

が、どうもさいきんの世界はそのことを忘れている。

たとえばわたしが住んでいる英国なんかだと、EU離脱派と残留派とか、英国人と移民とか、富裕層と労働者たちとか、なんかこう、いろんな軸で人々が二つの陣営に分かれていがみ合いがちというか、右側と左側からびゅんびゅん石を投げ合っている。で、「お前はどっちなんだ」「どっちが正義と思うんだ」と常に真顔で迫られてる感じはとても息苦しい。

そんないまだから、わたしは野枝に新鮮な可能性を感じてしまう。

鮮やかなまでに、いい加減だからだ。

たとえば、野枝は自らが育った今宿の小さな村の暴力的なまでの閉鎖性や古臭い因習を忌み嫌い、本書のタイトルの元にもなった「白痴の母」や「火つけ彦七」のような作品を書いている。が、そのくせ、「無政府の事実」では無政府主義の理想はすでに現実になっており、小さな村社会にこそ相互扶助《ふじょ》の精神があるなどと大絶賛している。こんなことを現代に言ったら、「ブレている」「両論併記論者」と真面目な人たちに怒られるに違いない。

また、「山川菊栄論」では、「知識階級の労働運動者が労働者に反感を持たれるのは必ず、反感を持たれるような態度があるから」とか、山川は文筆だけの運動家で労働者と仲間になれていないから、それが文章から滲み出ているとか批判しておきながら、自分が実際に女工たちと一緒に銭湯に入ったときには石けんの使い過ぎとか言われてムカつき、「本当に憎らしくもなり軽蔑《けいべつ》もしたくなる」(「階級的反感」)と書いている。

まったくもって言うことに整合性がない。

しかしながら、物事はすべて正邪を併せ持っているように、「いい加減さ」にもポジティブな呼称がある。それは「しなやかさ」だ。

あらかじめ壊しながら生きる

「しなやかさ」を英語に訳すとき、「flexibility」「pliableness」などの「柔軟性」を意味する言葉がまず思い浮かぶ。が、英辞郎のサイトでは思いがけない言葉がトップに出て来た。「ductility(延性《えんせい》)」、である。

延性。いい言葉だ。今宿の浜辺に立って海を見ているときの、自分が延びて拡張し、大きくなっていく感覚を思い出す。

思考を延ばし、自分を延ばし、時間を延ばす。延びることによって変わって行く。これ、要するに生きる力のことではなかろうか。

少し前、分子生物学者の福岡伸一先生とお会いしたとき、面白いことを聞いた。生物は自らを壊しながら生きているというのだ。

生物の細胞は「合理性」や「成果」を求めて動いているわけではなく、矛盾《むじゅん》する行動を取る。行動の目的は「作る」ではなく、作ったばかりのものを壊したりしているらしい。むしろ、細胞は、壊すために生きているというのだ。「あらかじめ壊しながら」生を維持する。細胞ってまるでアナキストみたいだ。

「吹けよあれよ、風よあらしよ」と言った野枝も、生物はダイナミックに動いてあらかじめ自分を壊しながら生きていることを本能的に知っていたに違いない。

彼女がずばぬけた生命力を持つアナキストだったのは偶然じゃないのである。

そしてここまで書き進むと、栗原康もまた、本作で自分を壊そうとしていたのだということに気づく。「もはやジェンダーはない、あるのはセックスそれだけだ」と本作で宣言した彼は、この作品で自分の中の男を壊そうとしたのだ。だからこそ本作には、あのすえたマチズモ臭がしない。

この作品は、伊藤野枝と栗原康が相乗りで、ニッポン社会のジェンダーをぶち壊しに突っ込んできた黒いシャコタンだったのである。


ところで余談になるが、英国ではマーマイト・ピーナッツバターなるものが発売されている。臭くて強烈な味わいのマーマイトに、ぼんやりした風味のピーナッツバターの組み合わせは、どう考えても致命的に合わない感じだが、これがなぜかおいしい。

もしわたしが書いていたとしたら、そんな野枝伝だったかな、などと未練がましいことをほざきたくなってしまうのも、いまだにこの作品は書き手の羨望をかきたてる力を持っているからだ。そして最後には、素直に祝福したくなる。

『村に火をつけ、白痴になれ』はファッキン・マスターピースである。

本書は二〇一六年三月、岩波書店より刊行された。

村に火をつけ，白痴になれ　伊藤野枝伝

2020 年 1 月 16 日　第 1 刷発行
2023 年 12 月 5 日　第 5 刷発行

著　者　栗《くり》原《はら》 康《やすし》

発行者　坂本政謙

発行所　株式会社 岩波書店
〒101-8002 東京都千代田区一ツ橋 2-5-5

案内 03-5210-4000　営業部 03-5210-4111
https://www.iwanami.co.jp/

印刷・精興社　製本・中永製本

ISBN 978-4-00-602316-4　Printed in Japan

岩波現代文庫創刊二〇年に際して

二一世紀が始まってからすでに二〇年が経とうとしています。この間のグローバル化の急激な進行は世界のあり方を大きく変えました。世界規模で経済や情報の結びつきが強まるとともに、国境を越えた人の移動は日常の光景となり、今やどこに住んでいても、私たちの暮らしは世界中の様々な出来事と無関係ではいられません。しかし、グローバル化の中で否応なくもたらされる「他者」との出会いや交流は、新たな文化や価値観だけではなく、摩擦や衝突、そしてしばしば憎悪までをも生み出しています。グローバル化にともなう副作用は、その恩恵を遥かにこえていると言わざるを得ません。

今私たちに求められているのは、国内、国外にかかわらず、異なる歴史や経験、文化を持つ「他者」と向き合い、よりよい関係を結び直してゆくための想像力、構想力ではないでしょうか。

新世紀の到来を目前にした二〇〇〇年一月に創刊された岩波現代文庫は、この二〇年を通して、哲学や歴史、経済、自然科学から、小説やエッセイ、ルポルタージュにいたるまで幅広いジャンルの書目を刊行してきました。一〇〇〇点を超える書目には、人類が直面してきた様々な課題と、試行錯誤の営みが刻まれています。読書を通した過去の「他者」との出会いから得られる知識や経験は、私たちがよりよい社会を作り上げてゆくために大きな示唆を与えてくれるはずです。

一冊の本が世界を変える大きな力を持つことを信じ、岩波現代文庫はこれからもさらなるラインナップの充実をめざしてゆきます。

（二〇二〇年一月）

B283
漱石全集物語
矢口進也

なぜこのように多種多様な全集が刊行されたのか。漱石独特の言葉遣いの校訂、出版権をめぐる争いなど、一〇〇年の出版史を語る。〈解説〉柴野京子

B284
美は乱調にあり ―伊藤野枝と大杉栄―
瀬戸内寂聴

伊藤野枝を世に知らしめた伝記小説の傑作が、文庫版で蘇る。辻潤、平塚らいてう、そして大杉栄との出会い。恋に燃え、闘った、新しい女の人生。

B285-286
諧調は偽りなり(上・下) ―伊藤野枝と大杉栄―
瀬戸内寂聴

アナーキスト大杉栄と伊藤野枝。二人の生と闘いの軌跡を、彼らをめぐる人々のその後とともに描く、大型評伝小説。下巻に栗原康氏との解説対談を収録。

B287-289
口訳万葉集(上・中・下)
折口信夫

生誕一三〇年を迎える文豪による『万葉集』の口述での現代語訳。全編に若さと才気が溢れている。〈解説〉持田叙子(上)、安藤礼二(中)、夏石番矢(下)

B290
花のようなひと
佐藤正午
牛尾篤画

日々の暮らしの中で揺れ動く一瞬の心象風景を〝恋愛小説の名手〟が鮮やかに描き出す。秀作「幼なじみ」を併録。〈解説〉桂川潤

2023.11

岩波現代文庫[文芸]

B291
中国文学の愉しき世界
井波律子

烈々たる気概に満ちた奇人・達人の群像、壮大にして華麗な中国的物語幻想の世界！　中国文学の魅力をわかりやすく解き明かす第一人者のエッセイ集。

B292
英語のセンスを磨く
―英文快読への誘い―
行方昭夫

「なんとなく意味はわかる」では読めたことにはなりません。選りすぐりの課題文の楽しく懇切な解読を通じて、本物の英語のセンスを磨く本。

B293
夜長姫と耳男
坂口安吾原作
近藤ようこ漫画

長者の一粒種として慈しまれる夜長姫。美しく、無邪気な夜長姫の笑顔に魅入られた耳男は、次第に残酷な運命に巻き込まれていく。〔カラー6頁〕

B294
桜の森の満開の下
坂口安吾原作
近藤ようこ漫画

鈴鹿の山の山賊が出会った美しい女。山賊は女の望むままに殺戮を繰り返す。虚しさの果てに、満開の桜の下で山賊が見たものとは。〔カラー6頁〕

B295
中国名言集 一日一言
井波律子

悠久の歴史の中に煌めく三六六の名言を精選し、一年各日に配して味わい深い解説を添える。毎日一頁ずつ楽しめる、日々の暮らしを彩る一冊。

岩波現代文庫［文芸］

B306	B305	B304	B303	B301-302
自選短編集 パリの君へ	この人から受け継ぐもの	余 白 の 春 ——金子文子——	塩 を 食 う 女 た ち 聞書・北米の黒人女性	またの名をグレイス（上・下）
高橋三千綱	井上ひさし	瀬戸内寂聴	藤本和子	マーガレット・アトウッド 佐藤アヤ子訳

B306 自選短編集 パリの君へ　高橋三千綱

売れない作家の子として生を受けた芥川賞作家が、デビューから最近の作品まで単行本未収録の作品も含め、自身でセレクト。岩波現代文庫オリジナル版。〈解説〉唯川恵

B305 この人から受け継ぐもの　井上ひさし

著者が深く関心を寄せた吉野作造、宮沢賢治、丸山眞男、チェーホフをめぐる講演・評論を収録。真摯な胸の内が明らかに。〈解説〉柳広司

B304 余 白 の 春 ——金子文子——　瀬戸内寂聴

無籍者、虐待、貧困——過酷な境遇にあって自らの生を全力で生きた金子文子。獄中で自殺するまでの二十三年の生涯を、実地の取材と資料を織り交ぜ描く、不朽の伝記小説。

B303 塩 を 食 う 女 た ち 聞書・北米の黒人女性　藤本和子

アフリカから連れてこられた黒人女性たちは、いかにして狂気に満ちたアメリカ社会を生きのびたのか。著者が美しい日本語で紡ぐ女たちの歴史的体験。〈解説〉池澤夏樹

B301-302 またの名をグレイス（上・下）　マーガレット・アトウッド　佐藤アヤ子訳

十九世紀カナダで実際に起きた殺人事件を素材に、巧みな心理描写を織りこみながら人間存在の根源を問いかける。ノーベル文学賞候補とも言われるアトウッドの傑作。

岩波現代文庫［文芸］

B307-308
赤い月（上・下）
なかにし礼

終戦前後、満洲で繰り広げられた一家離散の悲劇と、国境を越えたロマンス。映画・テレビドラマ・舞台上演などがなされた著者の代表作。〈解説〉保阪正康

B309
アニメーション、折りにふれて
高畑勲

自らの仕事や、影響を受けた人々や作品、苦楽を共にした仲間について縦横に綴った生前最後のエッセイ集、待望の文庫化。〈解説〉片渕須直

B310
花の妹 岸田俊子伝
―女性民権運動の先駆者―
西川祐子

京都での娘時代、自由民権運動との出会い、政治家・中島信行との結婚など、波瀾万丈の生涯を描く評伝小説。文庫化にあたり詳細な注を付した。〈解説〉和崎光太郎・田中智子

B311
大審問官スターリン
亀山郁夫

自由な芸術を検閲によって弾圧し、政敵を粛清した大審問官スターリン。大テロルの裏面と独裁者の内面に文学的想像力でせまる。文庫版には人物紹介、人名索引を付す。

B312
声の力
―歌・語り・子ども―
河合隼雄
阪田寛夫
谷川俊太郎
池田直樹

童謡、詩や絵本の読み聞かせなど、人間の肉声の持つ力とは？ 各分野の第一人者が「声」の魅力と可能性について縦横無尽に論じる。

2023.11